Marbacher
Bibliothek
2

Yolla Niclas

Alfred Döblin

ALFRED DÖBLIN

Im Buch · Zu Haus · Auf der Straße
Vorgestellt von Alfred Döblin
und Oskar Loerke

Mit einer Nachbemerkung
von Jochen Meyer

Deutsche Schillergesellschaft
Marbach

MARBACHER BIBLIOTHEK 2

Herausgegeben von Jochen Meyer, Ulrich Ott
und Reinhard Tgahrt

Der Text dieser Ausgabe folgt dem Erstdruck von 1928.
Für den autobiographischen Essay von Alfred Döblin
danken wir dem Walter Verlag, Olten,
und der Erbengemeinschaft Döblin
für die freundliche Genehmigung;
für das Döblin-Portrait von Oskar Loerke
dem Suhrkamp Verlag, Frankfurt am Main
(© Suhrkamp Verlag Frankfurt am Main 1958).
© 1998 Deutsche Schillergesellschaft
Marbach am Neckar

Gesamtherstellung: Offizin Chr. Scheufele
Stuttgart
ISBN 3-929146-90-8

ALFRED DÖBLIN

Erster Rückblick

I

DIALOG IN DER MÜNZSTRASSE

Es ist Mittag. Ich sitze in einem kleinen Café am Alexanderplatz, und mir fällt ein: in dieser Gegend, hier im Osten Berlins, sitze ich nun schon, seit ich nach Berlin kam, seit vierzig Jahren. Hier bin ich zur Schule gegangen, es kamen kleine Lücken, Studienzeit, Assistentenzeit, Krieg, aber immer wieder ging es zurück zwischen Alexanderplatz und Jannowitzbrücke, später noch östlicher, bis nach Lichtenberg hinaus. Mir fällt ein: ich möchte hier manchmal weg, nach dem Westen. Es gibt da Bäume, der Zoo ist da, das Aquarium und dann gar der Botanische Garten mit den Treibhäusern, die dampfen, – ah, das sind leckere Dinge.

Guten Tag, Herr Doktor. – Guten Tag. – Wie geht's Ihnen? Im Café am hellen Tag? – Ist so meine Stunde (wenn ich bloß wüßte, wer der Kerl ist). – Was macht die Praxis? – Danke, danke, ein Jahr wie das andere. Man kommt so durch. – Und die Kinder? Wissen Sie, Sie müßten weg von hier, für Sie ist doch das eigentlich nichts. Sie müßten nach dem Westen, unter die Menschen. – Hm, und wie? – Soll ich Ihnen sagen, Herr Doktor, hab Sie ja schon öfter hier gesehen, hatte zu tun, ja, ich wüßte schon was für Sie, aber Sie wollen nicht. – Na nu, warum denn nicht? – Nee nee, machen Sie keine Fisemantenten. Sie wollen nicht. Kann mir schon denken, wenn ich Sie ansehe. Ist nicht wegen der Praxis oder so. – Nu bin ich aber schwer neugierig. – Können Sie auch (setzt sich an meinen Tisch, den Hut nimmt er nicht ab, das ist hier so üblich). Hat mir ein Doktor gesagt, Kollege von Ihnen, sind ganz andere Dinge. Ja. Wissen Sie, haben Sie mal gehört: sexuelle Erniedrigung der Frau? – (Ich staune Bauklötze, ich kriege einen Schreck, Donnerwetter, was ist das.) – Na ja, hängt damit zusammen. Manche Menschen wollen nicht, wollen durchaus nicht, was sie sollten, obwohl sie's könnten. Man soll's nicht für möglich halten. Mir hat's der Doktor auf den Kopf zugesagt. Ist nicht Impotenz, im Gegenteil. Erst sagt man: schlapper Kerl, keine Traute, dann kommt's heraus: er will gar nicht. Man erniedrigt sich. Aus Vergnügen, aus Spaßvergnügen. Komisch, was? Das gibt's. – Donnerwetter (das sind die Freudbrüder, damit gehn sie hausieren). – Na, was sagen Sie nun? – Da muß ich mal erst meine Tasse austrinken. So. Nun sagen Sie mir, was soll denn da für ein Vergnügen bei sein? – (Er tuschelt an meinem Ohr, schiebt den Hut zurück, grinst.) Sadismus! Gegen sich selbst! – (Ich hab's erwartet, platze heraus, ich lache meilenlang. Das Café geht in Stücke.) Großartig. So was passiert einem in der Münzstraße. – (Er strahlt.) Na, was sagen Sie, Doktorchen? – (Jetzt sagt er Doktorchen, nachher machen wir Güterteilung.) Da stecke ich mir erst 'ne Zigarette an. Sie auch? Also, wie gesagt, also es ist sehr, wirklich sähr schön! Warten Sie noch einen Moment, ich muß noch mal lachen, es sind meine Restbestände. So, das wäre heraus. Jetzt habe ich mich bis zur Siegessäule hingelacht. – Wie steht's also mit der Sache, Doktorchen? – Ausgezeichnet. Bloß bei mir ist kein Geschäft damit zu machen. – (Der Kerl kneift das Auge.) Sagt jeder. – Sehen Sie mal durchs Fenster, neben dem Ober vorbei. Da sehen Sie Leute, lauter graue, einfache Leute, die vorbeilaufen und was tun. Das sind wir Arbeitsmänner, das Proletariat. Sehen Sie sich die an und dann mich. – Gemacht. Den Unterschied möchte ich in preußischen Pfandbriefen haben. – Passen Sie auf, jetzt kommt die Bibel: das ist mein Herz, und das ist mein Blut, oder so ähnlich. Ist Neues Testament. Diese Leute hier und diese Straße, das ist das Blut. Und hier sitzt das Herz. Diese Leute, das ist die Luft, und ich bin die Lunge. Und dann: das ist die Armee, und hier sitzt ein Soldat. – (Er schnüffelt, beobachtet mich verdächtig, kratzt sich das Kinn.) Verstehe ich nicht. – Wenn Sie mein Leben kennen würden, – ich meine, mein ganzes Leben, früher, würden Sie es schon verstehen. Ganz ohne Sadismus. Wie sich das so zusammenläppert, was man Leben nennt. Wenn man es hinterher betrachtet, steckt eine klare Logik drin, der Sinn. Sie erzählen da von Freud, mit der Erniedrigung, oder Adler. Nach denen entwickelt sich die ganze Welt aus Defekten. Erst ist ein Loch da, und dann entsteht was drum rum. Aber bei mir ist prinzipiell damit nichts zu machen! Defekte, die habe ich wie jeder anständige Mensch. Im übrigen steht bei mir geschrieben: ich bin hier zu Haus, und es geht mir gut, es geht mir vorzüglich. (Obwohl ich gern ins Grüne möchte, einmal einen Baum zu sehen oder einen kleinen See.) Ich bin eine Kröte und kröte hier vergnügt herum. Ohne

Sadismus. Auch ohne Masochismus. Die liefere ich nur in Romanen. Ich bin ein Arbeitsmann und ein Proletarier. Übrigens, wenn Sie mich nach dem Kurfürstendamm bringen, kröte ich da auch herum. Ich bin gar nicht kleinzukriegen. Ich bin nämlich vom lieben Gott geschaffen, und der hat mich aus einem fetten Stück Erde gemacht. Einige andere Herren, ich will keine Namen nennen, hat er aus Irrtümern hergestellt, die ihm so zwischendurch unterlaufen sind, am Schabbes, bei der Nachspeise. – (Der Kerl schnüffelt, wischt raus.) –

II

ANKUNFT IN BERLIN

Wollen Sie bitte, Herr Doktor, statt dieser Dialoge, die ja schrecklich interessant sein mögen, nicht lieber etwas von sich erzählen? –

Also, ich bin vor vierzig Jahren nach Berlin gekommen, nachdem ich vorher geboren bin. Ich kam in Berlin in einem Zustand an, der sich nicht sehr unterscheidet von meiner Geburt, zehn Jahre vorher, in Stettin. Es war gewissermaßen eine Nachgeburt. Es hat aber keiner etwas davon gemerkt. (Ich bin ja wirklich in Stet-

11

tin nur vorgeboren.) Wir fuhren also von Stettin nach Berlin. Meine Mutter unterhielt sich im Zug mit Leuten, die die Stadt kannten. Unsere Gegend, die Blumenstraße, wurde sehr schlecht- gemacht, da sind viele Fabriken und Rauch, das Gespräch war sehr lebhaft und in einem Fluß. Ich wagte nichts zu sagen, genauer, etwas zu fragen. Ich saß in Geburtswehen. Mir wurde bänglich und immer bänglicher. Es betraf mei- nen Bauch. Die Wehen nahmen an Heftigkeit zu. Und als wir uns den Häusern Berlins näher- ten, war ich am Ende meiner Kraft. Ich stand am Fenster, es war finster, spät abends, ich gab nach. Das Kind war da, es lief in meine Hose, mir wurde wohler, ich stand in einer Pfütze. Dann setzte ich mich beruhigt. –

Nachher fuhren wir durch die fremde große Stadt, und da geschah das zweite Wunder. Wir setzten uns in einen Zug auf einem hellen Bahn- hof. Der fuhr ab, durch die Nacht, fuhr ein paar Minuten, dann hielt er, und – wir waren wieder auf demselben Bahnhof. Ich glaubte mich zu irren. Aber das Spiel wiederholte sich zwei-, dreimal. Wir fuhren, derselbe Bahnhof kam, und nachher stiegen wir aus und waren bald zu Hause. Ob wir im Kreis gefahren sind? Aber warum und wozu, und schließlich sind wir doch angekommen. Erst als gereifter Mann habe ich den rätselhaften Vorgang durchschaut. Es wurde mir klar und klarer: wir waren Stadtbahn gefahren. Die Bahnhöfe sehen sich abends ähnlich in Berlin, besonders wenn man aus Stettin kommt. Wir waren von Friedrichstraße nach Jannowitzbrücke gefahren. Aber es war mir ein unvergeßbares Erlebnis; es übt seine beruhigende Wirkung noch heute auf mich aus.

Wir waren sechs Personen, die da so zauberhaft reisten: meine Mutter, zweiundvierzig Jahre alt, und wir fünf Geschwister, lauter Stettiner Vollheringe, vier Jungen und ein Mädchen, ich der vorjüngste. Wir hatten den Staub, ich auch das Wasser Stettins von uns geschüttelt. Denn da war uns etwas geschehen. Wir waren aus einem kleinen Paradiese vertrieben worden.

III

MAN BEREITE SICH
AUF EINE BALDIGE KATASTROPHE VOR

In Stettin an der Oder lebte einmal mein Vater.
Der hieß Max Döblin und war seines Zeichens
ein Kaufmann. Da das aber eigentlich kein Zeichen ist, so war er Inhaber eines Konfektions-
geschäftes, welches nicht ging. Worauf er eine
Zuschneidestube eröffnete, die einen guten Verlauf nahm. Dieser Mann war verheiratet und
hatte es im Laufe der Jahre, wenn auch nicht zu
Geld, so doch zu fünf Kindern gebracht. Auch
ich war darunter. Er war mit vielen Neigungen
und Begabungen gesegnet, und man kann wohl
sagen: was ihm seine Begabungen einbrachten,
nahmen ihm seine Neigungen wieder weg. So
daß also die Natur in diesem Mann ein merkwürdiges Gleichgewicht hergestellt hat. Eines
Tages nun wurde dieses Gleichgewicht auf eine
besonders heftige Weise gestört; wie und wo-
durch, das werde ich gleich erzählen. Jedenfalls
beschloß der Mann in seiner Unruhe, nach
Mainz zu fahren. Dies wird alle Kenner Stettins
in Erstaunen versetzen. Denn wenn man in
Stettin aus dem Gleichgewicht gerät, fährt man

nicht nach Mainz. Bisweilen nach Gotzlow oder Podejuch oder, wenn es schlimm wird, in die nahegelegene Klapsmühle. Aber Mainz ist ungewöhnlich. Und es war in der Tat ein Haken dabei, den niemand merkte, nicht einmal ich, obwohl ich schon über neun Jahre war. Der Haken war: wie mein Vater nach Mainz fuhr, kam er da nicht an. Das lag an der Richtung seines Zuges. Der nämlich nach Hamburg fuhr.

Und als der Zug in Hamburg hielt, ging die Bewegung in meinem Vater noch weiter. Auch Hamburg war nicht das Richtige. Nicht Mainz, nicht Hamburg, es sollte und mußte noch weiter sein. Es war Amerika. Das Wasser liegt zwischen Hamburg und Amerika. Neunundzwanzig Ozeanflieger sind schon in dem Wasser ertrunken. Mein Vater wollte und mußte herüber, der Drang in ihm war zu groß. Er nahm sich ein Schiff. Obwohl das Gleichgewicht in meinem Vater gestört war, war er doch so besonnen, kein Flugzeug zu nehmen, – vielleicht darum nicht, weil es damals keine Flugzeuge gab. Jedenfalls: er fuhr zu Schiff, wie schon Kolumbus, und darum kam er an. Ob die Freiheitsstatue schon 1888 im Hafen von Neuyork stand, weiß ich nicht. Bestimmt richtete sie mein Vater damals in Gedanken auf. So weit also hatte der Stettiner fahren müssen, um sein Gleichgewicht wieder herzustellen. So sonderbar war das Schicksal. Er hatte gesagt, er wolle nach Mainz fahren, aber schon das Billett stimmte nicht, der Zug fuhr anders, das Wasser kam, und nun saß er in Amerika.

Und er war auch nicht allein gefahren. Er hatte sich einen Mechaniker, einen Doktor, zur Herstellung seines Balancements mitgenommen, einen Leibdoktor, Leibmechaniker. Es tut nichts zur Sache, daß es ein junges Mädchen war. Frauen eignen sich ja für viele Berufe, sie werden Juristen, Abgeordnete, Minister, warum nicht auch Mechaniker. Ja, man erkennt die Besonnenheit unseres Amerikareisenden auch daran, daß er sich ein Mädchen und keinen Mann mitnahm. Denn wer versteht sich besser auf Herstellung des Gleichgewichts, auf alle Schwankungen der horizontalen und vertikalen Lage, als junge, unschuldige Mädchen. Das Mädchen, das mit ihm über den gewaltigen Ozean fuhr und von ihm erkoren war, hieß Henriette, und mit Nachnahmen – sagen wir – Hecht. Es war merkwürdigerweise ein Fischname, wie das die Wasserkante mit sich bringt. Aber sie war – ein rät-

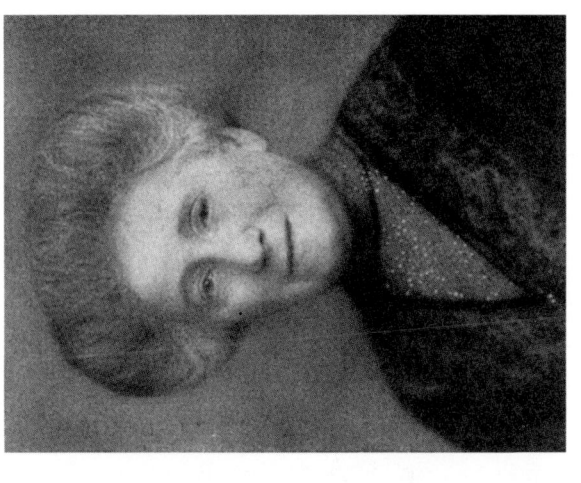

Die Mutter, Sophie Döblin
etwa sechzigjährig.

Der Vater, Max Döblin
in den Fünfzigern.

Alfred Döblin (2. von links)
mit seinen vier Geschwistern Hugo,
Meta, Kurt und Ludwig

selhaftes Spiel der Natur, eine Paradoxie – vollkommen Fleisch. Offenbar hatten die Hechte im Laufe der Generationen ihre Natur verändert, und so stand sie lieblich vor dem Mann, der mein Vater war, und er fand Wohlgefallen an ihr.

Mein Vater hatte zwei Augen, ein linkes und ein rechtes. Mit dem rechten Auge blickte er immer auf seine Familie. Das linke aber war bei ihm weitgehend selbständig. Während das rechte Auge stets von Sorgen getrübt war, schwer bewölkt und zu Regengüssen geneigt, freute sich und lachte das linke, und das Hochdrucksgebiet war weit entfernt. Damit man nicht die sonderbare Verschiedenheit seiner beiden Augen erkannte, trug er eine goldene Brille. Die deckte alles, und dadurch wurde er ein ernster Mann, der er ja auch war, ein vielseitiger Mann.

Meine Mutter war eine einfache Frau. Und da sich ihr Mann zu Hause öfters die Brille abnahm, so wußte sie, daß er schielte. Und sie war, wie das nun einmal Frauen sind, neugierig, wohin er schielte. Für das rätselhafte Naturspiel an sich hatte sie gar kein Interesse. Die reine Wissenschaft war ihr egal. Wie sie auch später gar kein Organ dafür hatte, den wunderbaren, schon erzählten Vorgang zu ergründen, der darin bestand, daß ihr Mann nach Mainz fuhr, aber es kam ein Zug auf dem Bahnhof an, der fuhr nach Hamburg an der Elbe – blinde Gewalt der technischen Kraft –, und kaum war der Zug dort angelangt, wird der Mann von einem Ungestüm erfaßt, muß nach St. Pauli an den Hafen, wird in ein Schiff verstaut und soll und muß über den Ozean, obwohl dieser so tief ist und später viele darin ertranken. Nichts davon interessierte meine Mutter. Sie blieb bis an ihr Ende dabei: der Mann ist mit einem Weib ausgerückt. Eine schrecklich einfache Formulierung. Mein Vater hat später sehr darunter gelitten. Sagen wir: etwas gelitten. Sagen wir: gar nicht. Er ist vorsichtigerweise nämlich nicht wiedergekommen.

Meine Mutter also interessierte sich heftig in Stettin, wohin mein Vater schielte. Und je mehr sie die Geheimnisse seines linken Auges zu ergründen suchte, um so dunkler wurden die Schatten über seinem rechten. Aber das schreckte sie nicht. Es war nicht Heroismus bei ihr, es war Temperament und Unbesonnenheit, die leicht in Heroismus ausarten, wobei ihnen aber gar nicht wohl ist.

Mein Vater bemerkte mit dem linken beweglichen Auge in Stettin viele Menschen, Einwohner und Einwohnerinnen, Steuerzahler und Steuerzahlerinnen. Aber nicht das interessierte ihn, ob und wieviel sie Steuer zahlten, sondern ob sie männlich oder weiblich waren. Er nahm eine simple naive Trennung vor. Er war eine Art Fleischbeschauer. Die männlichen fielen gleich ab. Blieben die weiblichen. Die waren in großer Zahl in Stettin vorhanden. Ich kann mich nicht genauer auf sie besinnen, denn ich war damals so klein. Aber ich erinnere mich, wie ich öfter als ganz kleiner Junge von einem Dienstmädchen an der Hand ins Freie geführt wurde, Kinderwagen fuhren mit, es ging in ein Tanzlokal draußen. Da saß ich dann auf der Bank, und im Saal tanzten viele erwachsene Menschen, große Männer und große Frauen, die Frauen kenntlich an den Röcken, die Männer meist in Uniform, mit Schnurrbärten, Soldaten, gewaltige Männer, die stark schwitzten. Solche Mädchen muß auch mein Vater in Stettin entdeckt haben, und die Entdeckerfreude ließ ihm keine Ruhe. So gehen berühmte Gelehrte noch nachts in ihre Laboratorien, blicken in ihre Mikroskope oder rechnen oder stellen noch einmal ihre Apparate zusammen, fangen mitten in der Nacht an zu destillieren, den Schmelzpunkt zu be-

19

stimmen. Schließlich: ist die Entdeckung eines Menschen, einer Menschensorte nicht ebenso merkwürdig und beunruhigend und aufregend, wenigstens für den, der sie macht? Und andererseits: ist die Entdeckung eines neuen Elements oder einer chemischen Verbindung seelisch anders, beglückt sie anders, erregt, entflammt sie anders als die eines neuen Menschen? So hängt die Liebe mit der Entdeckerfreude zusammen. Mein Vater muß viel gesucht und viel entdeckt haben. Er betrieb die Wissenschaft gründlich und mit Ausdauer, und es hätten sich ihm da große Perspektiven eröffnet, wenn diese Wissenschaft staatlich anerkannt gewesen wäre. Es war offenbar die Disziplin, für die er am begabtesten war.

Aber während meine Mutter sonst keinen Anteil nahm an seinen vielen anderen Neigungen – er komponierte ja, dichtete, zeichnete –, in dieser einen Passion wurde sie mitgerissen. Wenigstens hier knüpfte sich zwischen ihr und dem Mann ein gewisses eheliches Band. Wenn der Mann auf seinen Kriegspfad ging und sein linkes Auge in Aktion trat, dann geriet auch sie in Erregung. Der Geschichtschreiber muß leider feststellen, daß sie sich auf dem Pfad nicht ebenso bewaffnete wie der Mann. Er trug Rosen, sie aber schwang einen Regenschirm. Er war geladen mit Zärtlichkeit und hohen männlichen Gaben, sie aber mit Zorn. Er ging einsam wie ein Hirsch Wasser suchen, sie aber trug Geschosse, ihn beim Trunk zu stören. Das waren die Unterschiede zwischen den Ehegatten. Sie dachte an ihre Kinder, die Familie und daß dies ihr angetrauter Mann war; er aber: wie schön es sich in der Sonne spazieren ging Arm in Arm, – ach, es war nicht der Arm seiner Frau. Es war überhaupt nicht immer derselbe Arm. Der Mann lebte in starker Unruhe. Er hatte die Weite der Natur entdeckt und die Mannigfaltigkeit der Stettinerinnen. Er wechselte die Quellen seiner Erquickung. Erst spät gewöhnte er sich an eine, und das war das Allerschlimmste, denn diese Quelle war nun zufälligerweise nicht seine Frau. Eigentlich muß man sagen, das Gegenteil wäre ein Zufall gewesen. Denn es gibt notorisch Millionen Frauen auf der Welt; warum soll ein Mann grade seine eigene Frau lieben? Das wäre doch ein höchst merkwürdiges Zusammentreffen! So war es bei meinem Vater. Die Frau, die starke Frau mit dem Regenschirm, nahte. Gerüstet mit Zorn und mit der entschiedenen

Abneigung, hier irgendwie etwas zu »verstehen«. Sie trug mit sich Legitimität, Pathos, Ansprüche. Die Tragödie war eingeleitet. Der donnernde Jupiter zeigte sein Dasein. So wandeln Menschen im Grünen, und eine Wolke zieht sich zusammen, und sie regnen ein. Man glaubt im Grünen zu wandeln, und schon hat man den Regenschirm vergessen.

Als damals in Stettin in unserem Hause das Gewitter in Aktion getreten war und nicht aufhören wollte, dachte der Mann, so scheint es, an die Wilden in Afrika. Sie haben nichts an, aber sie haben ein Strohdach über sich. Wenn ein Mann an einen andern Arm denkt, so ist es schlimm; wenn er aber an ein anderes Dach denkt, dann ist es gefährlich, und das Verhängnis ist kaum aufzuhalten. Mein Vater fing unter den ständigen Gewittern an zu träumen, vorwiegend von Mainz, der Zug fuhr aber nach Hamburg, dann kam das Meer und Amerika. Was weiter kam, träumte er nicht. Es ist das Schlimme an den Träumen, daß sie zu früh aufhören. Er hätte auch träumen sollen, was nach Amerika kam.

IV

DIE GESCHICHTE WIRD NOCH EINMAL ERZÄHLT

Erzähle noch einmal die Geschichte. – Wer, ich? Warum? – Frage nicht. Erzähl sie mir noch einmal. Bitte. –

Hm. Also, wenn es durchaus sein soll. –

Es gab eines Morgens in Stettin einen furchtbaren Tumult bei uns im Hause, Weinen und Geschrei, meine Mutter lief eine Treppe hinauf, Gespräche mit den älteren Geschwistern, fremde Leute kamen. Ein Brief war aus Hamburg eingetroffen, mein Vater, damals zweiundvierzig Jahre alt, war auf der Fahrt nach Amerika. Er schrieb in seinem pathetischen, großartigen Stil – der Mann konnte Ihnen schreiben, die rührendsten Briefe –: »Goldene Berge werde ich euch bieten.« Vorausgegangen waren jahrelange Streitigkeiten zwischen Mann und Frau, Weibergeschichten. Zuletzt drehte es sich, wie gesagt, um ein junges Mädchen, eine seiner Arbeitnehmerinnen, zwanzig Jahr jünger als er, ein Nähfräulein mit dem Vornamen Henriette. Meine Mutter hatte ihr aufgelauert, Tätlichkeiten waren vorgekommen – wenn ich mich recht besinne, auch zwischen den Eheleuten. Es gab ein Tohuwabohu bei uns in Stettin, Verwandte der Mutter kamen, Geschäftsfreunde des Vaters, die Bestände wurden aufgenommen, an den hinterlassenen Schulden hatte meine Mutter noch viele Jahre abzuzahlen. Wir Kinder natürlich sofort aus den höheren Schulen genommen und provisorisch zu einer kleinen Privatlehrerin geschickt. Das ist das Leben. Rette sich, wer kann.

Während bei uns alles drunter und drüber ging, der Tag mit Unruhe, Sorgen und Weinen anfing und ebenso endete, während meine Mutter ihre Verwandten alarmierte und für uns bettelte – trieb sich der Mann, der diese Familie gegründet hatte, in Neuyork mit dem jungen Mädchen herum, das zwanzig Jahr jünger war als er, saß mit ihr in Tingeltangels, bewachte sie eifersüchtig, und er lebte da monatelang in Neuyork in Liebe und Freude, bis das Geld alle war.

Er ist dann nach Europa zurückgekehrt und hat mit dem Mädchen bis an sein Lebensende zusammen in Hamburg gelebt. Meine Mutter hat ihn einen Bigamisten genannt, aber das ist nicht wahr. Sie hat sich erst spät, als sie eine Erbschaft machte, von ihm scheiden lassen. Er hat in Hamburg ein kleines, sehr ärmliches Da-

24

sein geführt, zuletzt mußte er unterstützt werden. Uns hat er einmal nach Hamburg kommen lassen – war ein Streit mit der Henriette vorausgegangen oder besann er sich auf seine Pflichten? Aber das Wort Pflicht kam in seinem Lexikon nicht vor – er hatte geschworen, es sei nun alles aus mit dem Mädchen. Der Eid hielt kein halbes Jahr. Dann kamen anonyme Briefe, und wir saßen wieder im Osten Berlins. Er tat auch einmal so, als wolle er sich Arbeit in Berlin suchen, hatte schon Stellung, dann behagte ihm dies und jenes nicht, er verschwand ohne Abschied, es kam ein Telegramm vom Lehrter Bahnhof, und – er saß in Hamburg, am alten Fleck.

Der Mann hat sich wohlgefühlt in Hamburg in seiner Armut und Kümmerlichkeit. Mein ältester Bruder hat ihn gelegentlich besucht, hat auch die Gefährtin des Mannes gesprochen, sie wohnten zusammen in einem armen Stadtteil, proletarisch in sauberen Räumen. Der Mann hatte zuletzt einen ehrwürdigen weißen Bart, trug seine goldene Brille und sah wie ein alter Volksschullehrer aus. Er hat sich viel mit Freimaurerei beschäftigt. Am Ende befiel ihn ein Halsleiden. Es war der Kehlkopfkrebs. Daran starb er. Mein Bruder hat die Leiche im Regen auf den Friedhof begleitet, es ging sonst keiner mit, und hat das Grab richten lassen. Er, der am schwersten von all dem Unglück getroffen war, hatte damals noch eine schreckliche Aussprache mit der Frau. Sie war selbst leidend, konnte sich wenig bewegen. Sie sagte, daß sie an allem unschuldig gewesen wäre.

– Der Mann hat sich in verbrecherischer Weise aus einer wahrscheinlich schweren Situation gerettet. Er war roh genug, seine ganze Familie den Verwandten seiner Frau aufzubürden. Er dachte sich: verkommen werden sie nicht, das Hemd ist mir näher als der Rock. Über Nacht hatte er uns alle in Not gestoßen und zu Bettlern gemacht. Er war ein Lump, nehmt alles nur in allem.

– Es ist nicht recht, meinen Sie, so streng über einen nahen Verwandten, den eigenen Vater, einen Toten zu urteilen? Ich müßte nicht Sohn meiner Mutter sein und nicht alles mitgemacht haben, wenn ich diesen Ton unterdrückte. Ich kann so urteilen nur mit Worten, er hat mit Taten über uns geurteilt so streng wie möglich: Ihr seid mir schlechte Luft, und hat sich allen Herzenspflichten und juristischen

Pflichten eines Vaters entzogen. Ich habe nicht den Eindruck, daß ihm das schwergefallen ist. Der Vater hat über seine Familie geurteilt, es war aber, unter Berücksichtigung aller Umstände, nicht nötig, so hart, so wegwerfend grausam über die Familie zu urteilen. Alles Recht der Persönlichkeit in Ehren, aber man macht es sich zu leicht, wenn man glaubt zur Persönlichkeit zu kommen, indem man die Verantwortung zerbricht. Wir leben in keinem Beduinenstaat, der Vater hat nicht Allmacht über die Familie, er muß sich meine Antwort gefallen lassen. Wenn die Sünden der Väter heimgesucht werden an den Kindern bis in das dritte und vierte Glied, so haben die Kinder das Recht, die Väter vor ihr Tribunal zu ziehen und Klage zu erheben. Der Mann ist tot. Vor dem großen Reinigungsfilter, in das wir alle eingehen werden, will ich haltmachen und still sein.

V

ZUM DRITTEN MAL!

Du mußt ran, zum drittenmal. Du sollst noch einmal davon sprechen. – Aber was denn? Von dieser Sache? Ich hab es schon zweimal gesagt. Warum denn? – Du wirst es schon sehen, du weißt es schon, fang nur an. – Ich weiß nicht. – Fang an. –

Seine Eltern waren sehr strenge Leute. – So ist's recht. Fang mit den Eltern an. – Sie verheirateten ihn mit fünfundzwanzig Jahren. – Sieh mal, wie du alles weißt, mein Junge. Immer sachte so weiter. – Er war schwach, nachgiebig. Er widerstrebte wenig, er ließ sich verheiraten, er macht eine gute Partie mit der Freudenheim, eine schöne Person und Geld. Du lieber Gott, das sind doch alles keine Entschuldigungen. – Wir wollen doch einmal sehen. Nur weiter. – Es ist nicht viel weiter. Sie kriegen Kinder, sein Geschäft geht kaputt, er macht eine Konfektionsstube auf. Dann –. – Was ist dann? – Dann sterben seine Eltern. – Ah. So. Dann sind also die Eltern tot. – Ja. – Das ist wohl ein wichtiger Punkt? – Ich muß einmal sehen. Ich muß doch einmal sehen. Also die Eltern sterben. Sie ha-

28

ben ihn verheiratet. Der Mann ist allein. Daraus ergibt sich eine gewisse Schwierigkeit für die Frau. Aber ich habe etwas vergessen. – Bitte. – Es wird mir schwer, davon zu sprechen, aber ich muß es wohl sagen. Also: der Mann und die Frau stimmten nicht gut zusammen. – Wegen der Partie? Ich meine, weil seine Eltern das Ding gedreht hatten? – Auch deswegen, von ihm aus. Aber das ist es nicht. Sie stimmten nicht zusammen. Überhaupt nicht. – Hm, hm. – – Ja. Es ist wohl nicht schön, wenn ich davon spreche. – Ich denke, man soll Wahrheiten ruhig aussprechen. Es klärt. Man sieht vielleicht dann auch anderes besser. – Die Frau nämlich, meine Mutter, war nüchtern, aus einer Kaufmanns- familie. Er, der Hamburger, war ein Luftikus, ein begabtes Wesen. Er war sehr begabt. – Nun, und? – Er verfügt über ein ganzes Arsenal von Begabungen. Er spielt Violine, Klavier, ohne Unterricht gehabt zu haben. Wir selbst hatten bei ihm ja die ersten Musikstunden. Das Kla- vier, weiß ich noch, war eine Zeitlang ein Ka- sten ohne Beine; oben auf der Platte wurde bei Tag meist zugeschnitten. Es fiel Staub zwischen die Tasten von den Stoffen, man mußte einen Blasebalg nehmen, um ihn zu entfernen. Der

Mann komponierte. Ein Stück von ihm setzte sogar der Musiklehrer unserer Schule, des Friedrich-Wilhelmstädtischen Realgymnasiums, für Orgel. Er saß über Büchern auf Kompositionslehre. Er sang, und nicht schlecht. Er schrieb Gelegenheitsgedichte, war ein fixer Zeichner. Er war geschickt im Entwerfen von Kostümen. Eigentlich ein unheimlich talentierter Knabe; lauter künstlerische Dinge. Die Begabungsfülle war, glaub ich, von mütterlicher Seite auf ihn gekommen. Seine Mutter war eine geborene Jessel; der Komponist des »Zinnsoldat« und anderer Operetten: Léon Jessel, ist sein Vetter. Aber bei meinem Vater gedieh nichts recht.

Erstens war er ein Luftikus und trieb nichts beständig, dann hatten sie ihn zu Hause natürlich nichts lernen lassen – das hat ihn sehr gegrämt –, und nachher hing die Familie an seinem Bein. Das waren wir, fünf Stück, und die Frau. Er war auch ein triebhaftes Wesen, ohne allen Ehrgeiz. In dem Mann, ja ich seh ihn noch vor mir, war etwas Weichliches, Schlaffes, Schwächliches und Ruhendes. Er lebte so hin mit seinen Gaben. Er schlenderte, fühlte sich nie eigentlich unglücklich. Ein Windhund, nehmt alles nur in allem. Aber kein unedles Tier.

– Dies ist alles sehr gut, was du sagst. Du siehst, wie nötig es war, daß du noch mal anfingst. Also ruhig weiter. – Es sind schlimme Dinge, die ich spreche. Ich weiß sie gut, aber ich erinnere mich ungern daran. Es führt geradewegs zu mir. – Aber bitte, wir haben Zeit. Ich dränge gar nicht. Wird es sehr schwer? – O nein, es geht schon. Also, wovon sprach ich, meine Mutter, ja. Meine Mutter hatte nicht viel Respekt vor ihm. Sie nannte ihn: »gebildeter Hausknecht«. Ein böses Wort. Ein schlimmes Kapitel, dieser Kaufmanns- und Geldstolz in der Familie meiner Mutter. Das waren alles sehr lebhafte, aktive, praktische Leute, Verdiener und einige auch Genießer. Was darüber lag, war unbekannt! Nein, nicht bloß unbekannt, sondern lächerlich! Es war Anlaß zum Höhnen, zum Ironisieren. Wie wenn Indianer oder Neger zu uns kommen und die Kinder sie ausspotten. Eine fürchterliche Sache. Von dieser Seite her kam eine der Minen, über der die Ehe meiner Mutter mit diesem vielbegabten weichlichen Mann aufflog. Das ist es. Ich muß es schon sagen.

Ich kann davon sprechen, denn ich habe diesen Hohn, diese Borniertheit, diese bittere, anmaßende Härte selbst kennengelernt. Ich hätte nicht gewagt, nicht wagen dürfen, meine Schreibereien zu Hause zu zeigen. Es wußte lange Jahre niemand zu Hause, daß ich schrieb. Und als 1906 von mir ein kleines Theaterstück in einer Matinee zusammen mit einem Stück von Paul Scheerbart aufgeführt wurde, da kam es nicht unter meinem Namen, dem meiner Familie, heraus, sondern unter einem Pseudonym. Aber schon vorher, etwa 1902, war mir unter diesem häuslichen Druck etwas fast Schweres, eigentlich nur Tragikomisches, passiert. Da ich vermied, meinen Namen unter meine Schreibereien zu setzen, hatte ich meinen ersten Roman, er liegt noch in meinem Rollschrank, an Fritz Mauthner, der damals Kritiker in Berlin war – es ist seitdem kein Theaterkritiker seines Ernstes in Berlin erschienen –, geschickt unter einem Pseudonym. Mauthner war augenleidend, er lebte im Grunewald, schrieb mir nach der Anatomie, wo ich damals arbeitete, an meine Deckadresse: ich möchte ihn besuchen, ihm selbst aus dem Manuskript vorlesen, er sei augenleidend. Eine ganz sonderbare Scheu und Furcht hielt mich zurück davor, ihn zu besuchen. Ja, ich weiß, woher ich diese Scheu habe.

Dr. Alfred Döblin
1910 im Urbankrankenhaus Berlin,
wandelt zu seinen Kranken und
Bakterien, weniger majestätisch als
wohlwollend-beschaulich.

Dr. Alfred Döblin und Erna Reiß, cand. med., Famula,
spätere Erna Döblin, im heißen Sommer 1911,
denken in einer Laube über Diabetes nach. Das Insulin
haben später andere erfunden.

Ich hatte also schon ein schlechtes Gewissen vor meinen Arbeiten. So hatte sich das eingeprägt. Bis ins zweite Glied. Ich fuhr einmal bis zum Grunewald, um ihn aufzusuchen. Dann hatte ich es geschickt eingerichtet, daß es schon dunkel war und ich in der Finsternis den Weg zu ihm nicht fand. Vom sichern Hafen schrieb ich ihm einen Brief, worin ich ohne Angabe der Gründe um Rücksendung meines Manuskriptes bat. Und jetzt fängt die eigentliche Tragikomödie an. Mauthner schickte das Manuskript an meine Deckadresse an ein Paketpostamt. Oranienburger Straße. Und als ich dort erschien, um mein Manuskript abzuholen, gab man es mir nicht. Pakete werden nur gegen Legitimation ausgehändigt. Aber wie sollte ich mich legitimieren. Ich zeigte Mauthners Karte vor. Das genügte nicht. Ich war ratlos – und ich blieb ratlos. Das Gegebene, nämlich den Tatbestand, zu erklären, wagte ich nicht. Das schlechte, das grausam schlechte Gewissen! Das zweite Glied! Oh, das ist ein Leiden. Daß so etwas möglich ist. Man hätte mein Manuskript geöffnet, ich – hätte mich zu Tode geschämt. So ist dies Manuskript unabgeholt auf dem Paketamt liegengeblieben. Lange Monate habe ich darunter gekrankt. Die Handschrift meines ersten Romans (die ›Jagenden Rosse‹) ist auf diesem Paketpostamt weggeworfen oder eingestampft. Eine Abschrift hatte ich nicht. Ich faßte einen Entschluß: ich schrieb nach den Skizzen, Entwürfen und aus der Erinnerung das Ganze noch einmal, mit Bitterkeit, über mich verzagend. Ganz schwarz wurde ich darunter.

Ja. Es ging so weiter und blieb so. Als ich schon Arzt war und ein Buch von mir erschien, fragte meine Mutter: »Wozu machst du das? Du hast doch dein Geschäft.« Sie meinte die ärztliche Praxis. Um sie zu beruhigen, mußte ich ihr sagen, daß ich etwas damit verdiene. Es war nicht wahr (übrigens finde ich jetzt, wo sie nicht mehr lebt: die Frau hatte nicht so unrecht. Eigentlich – hätte ich's lassen sollen –). Es war ihr eine Spielerei, das Schreiben, eine Zeitvergeudung, unwürdig eines ernsten Menschen. Das war noch ganz ein Charakterzug der Menschen, die aus kleinen Verhältnissen in das Reich kamen und Geld verdienen mußten, und sonderbar, es war ganz und gar nicht das, was ich später in Polen bei den Juden traf und was mich da so sehr tief erfreute, die Ehrfurcht vor dem Buch, die Ehrfurcht vor dem Geist. Mein Vater

hatte solche verschütteten Gaben mit sich getragen. Er war – ethnologisch das Opfer der
Umsiedlung. Alle seine Werte waren umgewertet
und entwertet. Darum, darum also gedieh seine
Ehe nicht. Erst in meiner Generation ist wieder die Besinnung, auch die freudige Besinnung
auf die Herkunft und die alte Ehrfurcht schwer
und langsam wieder aufgekommen. Ich – habe
die große Umsiedlung überstanden.

Meine Mutter, ich kann jetzt ruhig weitersprechen, es war doch gut, daß ich es sagte,
meine Mutter hatte keinen Respekt vor ihrem
Mann. Er galt auch bei ihren Brüdern nichts. Da
fängt, jetzt seh ich besser, fängt der Mann, der
im übrigen ein Schürzenjäger ist, an, außerhalb
des Hauses Luft zu schnappen, nämlich die
Luft, die ihm im Hause fehlt. Der Mann wird
langsam ein verlogner Rebell, – verlogen; er wagt
sich nicht heraus. Solange seine Eltern leben,
duckt er sich. Dann wird er frech. Ich kann auch
sagen: mutiger, entschlossener. Er wird oft erwischt. Er vernachlässigt ganz evident seine
Frau. Er ist außerdem älter geworden, er ist
an die gefährlichen Vierzig geraten, und da muß
er die H. treffen. Das legt das Schicksal wie
ein Experiment auf ihn. Er gerät in Flammen,

der Mann wird das noch nicht gekannt haben, es ist offenbar eine wirkliche, ganz starke
Liebesleidenschaft. Er ist reif dafür. Es wird
vieles damals in ihm die Leidenschaft geschürt
haben und Holz zum Feuer gewesen sein. Es
war die Krise in seinem Leben. Nun kommt
sein Wagen ins Rutschen und Rollen. Zu Haus
wächst die Kälte, die Unfreiheit, der Streit.
Da – rückt er einfach aus. Endlich, endlich. –
Was sagst du: endlich? – Es kam mir so. – Du
bist blaß. Es trifft dich wohl sehr. Vielleicht
hören wir jetzt auf. – Nein, danke. Ich kann
sprechen. Ich bin doch kein Jüngling mehr,
daß mich Einsichten umwerfen. Ich sehe alles
klar. Ich sprech es jetzt gern aus. Es fürchte die
Götter das Menschengeschlecht! Sie halten die
Herrschaft in ewigen Händen und können sie
brauchen, wie's ihnen gefällt. – Können wir
weitersprechen? – Doch. Es war die Krise im
Leben meines Vaters. Er rückt, er rückt einfach
aus, dieser Mann. Es tut mir wohl, das so zu
sehen. Jetzt bitte ich etwas aufhören zu dürfen. – Gut, gut. Wir haben ja Zeit. – (Eine lange
Pause, geschlossene Augen. Dann:) Fahren wir
fort. Also mein Vater, der war abgeschwommen
von Stettin.

Das kann er jetzt. So weit ist er. Es geht ganz leicht. Es ist dann gar kein Grund anzunehmen, daß dieser Mann jemals wiederkehren wird. Denn warum? Gewissensbisse, wenn sie überhaupt auftreten, treten zurück hinter dem Gefühl des neuen Daseins, der Freiheit. Wird sich seine Frau ändern? Nicht die mindeste Chance. Sie hängt an ihm, er ist ihr Mann, aber ihre Naturen sind sich fremd. Es findet keine Berührung statt. Bei dem blutjungen Mädchen drüben ist er aufgeblüht. Er fühlt sich da wohl. Es ist sein, unbegrenzt sein Element. Seine Existenz. Er wird bei ihr bleiben. Es wird aus ihm vielleicht nichts werden mit allen seinen Gaben. Sein Vater hatte ihn zwingen wollen, etwas Falsches zu werden. Resultat: Desertion, der Mann um sein halbes Leben betrogen, seine Familie Bettler. Man hätte ihn jung laufen lassen sollen oder ihm eine derbe oder sehr kluge Frau geben, Kandare oder ganz lose Zügel. Jetzt ist er deklassiert. Immerhin aber: er lebt, lebt, man verstehe, er lebt in dieser Klasse, auf einem andern Kontinent, seiner Natur entsprechend. – Nun wollen wir aufhören. Es ist wohl alles gesagt. Für jetzt. – Ja. Was soll ich aber zu dem Ganzen sagen.

Unanfechtbar wie sein hartes Urteil über seine Familie ist das Urteil seiner Familie über ihn. Ich kann daran nicht rühren. Für den, der noch andere Taten hinzunimmt, die Taten anderer, seiner Eltern, wird das Urteil schwer. Man gelangt zu keinem Urteil. Nur zu einem Kopfsenken. Zu einer Anklage vielleicht nach einer andern Richtung. Schließlich bleibt, bleibt eine Einsicht, eine Lehre, eine Warnung, für jetzt, für uns, die wir leben.

VI

ÜBRIGENS HATTE ER EINE SCHWESTER

Der Mann, von dem ich sprach, hatte übrigens eine Schwester, die in vieler Hinsicht ganz sein Gegenteil war. Sie war von der strengen Art seiner Eltern. Diese Frau hätte vorzüglich zu ihm gepaßt. Sie hieß Henriette, merkwürdigerweise auch Henriette, und hatte einen Mann, einen höchst weichen, etwas trottelig lebendigen Herrn mit viel Gemüt und Herz. So weit ich sah, hatte er es nicht gut bei ihr. Sie war höllisch klug. Sie hatte mächtig und stramm zu Hause die Hosen an. Als sie an einem Herzschlag starb, noch nicht alt, es kam ganz rasch und unerwartet, verheiratete sich

der Mann, man möchte sagen stehenden Fußes,
weiter. Er lebte selig auf. Der hätte es wagen sollen auszurücken. Sie hätte ihn vom Nordpol, von
den Fidschiinseln, vom Kap der allerbesten Hoffnung an ihre liebende Brust zurückgeholt.

VII

EHRE, DEM EHRE GEBÜHRT

Meine Mutter habe ich in der Erinnerung als
eine Frau, die bis in ihr Alter ansehnlich war. Sie
gab viel auf ihr Äußeres, ließ sich noch in ihrer
letzten Krankheit frisieren, liebte Schmuck und
Putz. Sie war von großer Wärme für ihre Kinder
und später für ihre Enkel. Das Besorgen von Wä-
sche und Unterzeug war ihr eine Herzenssache.
Sie war nicht sehr klug, ihre Schwester war viel
klüger. Das schulmäßige Bildungsniveau ihrer
Familie stand im allgemeinen nicht hoch. Sie war
in Samter, in der Provinz Posen, geboren, wo ihr
Vater, den ich als kleinen Mann mit einer weißen
Halsbinde in Erinnerung habe, kleiner Kaufmann war, Dorfkaufmann mit Materialwaren.
Seine Kinder sprachen Deutsch, aber auch Pol-
nisch und schon etwas abgeschwächt Jiddisch.
Wenn meine Mutter an Verwandte schrieb,

schrieb sie gern in jiddischen Buchstaben, die
an Türkisch oder Arabisch erinnern; von meinem Vater ist mir das nicht bekannt. Übrigens
stammte auch er aus Posen, aus der Stadt Posen
selbst. In Samter war meine Mutter aufgewachsen, ihre Brüder waren schon früh, um 1865,
nach Breslau und Berlin gezogen, sind begüterte
Holzhändler geworden, die Firmen florieren noch
heute. Meine Mutter, im Exil in Berlin, war mit
uns und dem Haushalt von morgens bis abends
beschäftigt. Eine Zeitlang vermietete sie Zimmer. Sie wusch selbst, ein Mädchen konnte sie
sich nicht halten. Sie war tapfer und rüstig.
Man ist nicht lange Zeit sehr unglücklich. Sie
hatte eine eigentümlich skeptische und resignierte
Lebensauffassung. Ihre Kernsprüche verraten
eine bedauerlich gute Bekanntschaft mit dem
Dasein: »Wie einem ein Haus einfällt, fällt's mir
auf den Kopf« und die mehr beruhigenden Sätze:
»Wie einer will« und: »Es ist schon immer wie geworden, es wird auch weiter wie werden...« Sie
konnte großartig deklamieren, und wir können
noch das herrliche Gedicht auswendig, das sie an
trauten Abenden aufsagte. Man muß es laut auf-
sagen, mit heroischen Gesten, so dringt man am
ehesten in seinen Geist ein:

»Geh Meister, nimm mich auf zum Schüler,
Ist's einem ernst, so ist es mir.
Ich werde nicht nach Wochen kühler,
Mich treibt nicht eitle Ruhmbegier.
Nach andern, ja nach schönern Reizen
Verlangt's allmächtig meinen Sinn:
Drum, Meister, laß mich Maler werden –«

Weiter weiß ich nicht. Außerdem übermannt
mich die Rührung. Ich weiß nur, es endet kolossal schmerzreich mit den Worten: »Vom Lieb-
chen auf das Leichenbett.«

VIII

VOM SCHICKSAL DER ENTWURZELTEN FAMILIE

Der älteste Sohn, Ludwig, reüssierte großartig.
Er war echtes Kaufmannsgewächs mit dem Fa-
miliensinn der Mutter, der Musikneigung des
Vaters. Er wurde der Ernährer der Familie, der
zweite Vater. Er kam ins Geschäft zu den Holz-
onkels, machte sich selbständig und verließ
erst die Familie, als er sich verheiratete. Auf
ihn fiel die Hauptlast, die der entflohene Fami-
liengründer abgeworfen hatte, und er trug sie
brillant.

Wir Jüngeren besuchten in Berlin Gemeinde-schulen, ich allein bog nach drei Jahren ins Gymnasium zurück. Bei uns allen schlug das Blut des Vaters stark durch. Hugo, der zweitälteste Sohn, hielt es nur kurze Zeit als Kaufmannsstift in einem Geschäft aus, dann mußte er zum Theater. Rasch hatte sich auch der lustige Knabe in die Tochter seines Lehrers verliebt, das war Paul Pauli, der alte Baumert aus den Webern, und die Tochter, Martha, geheiratet. Man kennt ihn von Berliner Bühnen und vom Film.

Im jüngsten Bruder, Kurt, steckte die Musik-leidenschaft, er kam vom Klavier nicht los, wurde ein ausgezeichneter Pianist. Aber da war keine Möglichkeit zum regelrechten Studium, er blieb im Geschäft. Er verband sich zuletzt mit dem ältesten Bruder.

Die Schwester Meta ist schon tot. Sie wurde 1919 bei den Lichtenberger Unruhen von einem Granatsplitter getroffen, als sie vormittags aus ihrem Haus trat, um Milch für ihre kleinen Kinder zu holen. Sie konnte noch, den Splitter im Leib – sie wußte nicht, was ihr passiert war – die Treppe hinaufgehen. Da blieb sie dann liegen. Auf dem Bett fand man Blut an ihrem Mantel. Sie lebte noch einen Tag.

Ich war damals nicht weit von ihr in Lichtenberg und habe diesen Putsch und die grausigen, unerhörten, erschütternden Dinge der Eroberung Lichtenbergs durch die weißen Truppen miterlebt. Um dieselbe Zeit, wo in unserer Gegend die Granaten und Minenwerfer der Befreier ganze Häuser demolierten, wo viele in den Kellern saßen und dann, schrecklich, wo viele füsiliert wurden auf dem kleinen Lichtenberger Friedhof in der Möllendorfstraße – man muß die Leichen da vor der Schule liegen gesehen haben, die Männer mit den Mützen vor dem Gesicht, um zu wissen, was Klassenhaß und Rachegeist ist –, um dieselbe Zeit wurde im übrigen Berlin lustig getanzt, es gab Bälle und Zeitungen. Nichts regte sich, als dies in Lichtenberg geschah, und die vielen Zehntausend Arbeiter in Berlin blieben alle still. Damals habe ich gesehen, wie notwendig es war, daß diese sogenannte Revolution zurückgedrängt wurde. Ich bin gegen die Unfähigkeit. Ich hasse die Unfähigkeit. Diese Leute waren unfähig zu einer Handlung. Mit Schlappschwänzen, Dummköpfen und Phrasendreschern muß man Fraktur reden. So ist es damals gegangen, und wer Fraktur geredet hat, ob er links oder rechts ist, ich steh auf seiner Seite. Es war um diese Zeit – ich muß weiter davon sprechen – einmal eines Mittags die ganze Siegesallee, die Bellevuestraße, der Potsdamer Platz gestopft voll mit Menschenzügen. Wer diese Menschenmassen gesehen hat und bei ihnen Wagen mit Maschinengewehren, Tausende kräftiger Männer, und diese Masse, Arbeiter, tat nichts als Hoch und Nieder schreien, und eine andere große Arbeitermasse zog neben ihr, in anderer Richtung, sang auch die Internationale und schrie »Nieder«, wo die drüben »Hoch« schrien – wer dies erlebt hat, der wird wissen, welchen Widerwillen ich gegen solche erbärmliche »Revolution« empfand. So fremd, so feindlich mir die weißen Truppen waren, ich trat zurück und sagte entschlossen: dies ist gut, sie sind besser als die drüben. Hier geschieht ein gerechtes Gericht. Entweder sie wissen, was Revolution ist, und sie tun Revolution, oder ihnen gehören Ruten, weil sie damit spielen.

Ich wollte von meiner Schwester sprechen. Ich konnte an dem schrecklichen Vormittag, wo die Beschießung von der Warschauer Brücke her einsetzte, nicht zu ihr. Das Feuer aus schwerer Artillerie auf die Frankfurter Allee war zu stark. Sie war auch rasch in eine nahe chirurgische Klinik gebracht worden. Als die Zeichen einer inneren Verblutung deutlich wurden, machte man ihr noch einen Leibschnitt. Umsonst. Ein großes Gefäß war angerissen, sie starb in der Narkose. Meine Mutter war damals schon schwer leidend, sie wohnte in Lichtenberg bei ihrem ältesten Sohn. Als ich mit dem Ehemann meiner Schwester zu ihm in die Wohnung kam, hörte meine Mutter meinen Bruder nebenan krampfhaft weinen bei der Nachricht. Ihr Gesicht war steif, wie es die Krankheit machte, ihre Hände und der Kopf zitterten stärker. Sie sagte gleich: »Sie ist tot.« Und dann: »Warum sie und nicht ich.« Meine Schwester hatte es nicht sehr gut zu Hause gehabt. Sie war unter der Wahnidee des Bürgertums aufgewachsen: »Du sollst, mußt und wirst heiraten.« Obwohl wir nichts hatten, vermied man alles, um sie in ein Geschäft zu stecken. Kein Gedanke war der Familie fremder, als daß die Tochter einfach wie jeder andere Geld verdient und sich auf eigene Füße stellt. So ging die Schwester herum und wurde lange, lange nicht verheiratet. Mein ältester Bruder zog unter Riesenopfern eine große Summe als Mitgift aus seinem Geschäft. Der Mann, den sie dann heiratete, war schon vor der Ehe zweifelhaft. Sie wurde gewarnt, aber sie wollte von Haus weg, sie wollte ihre Wirtschaft. Eine kurze schlimme Ehe. Der Mann hatte sie des Geldes wegen genommen. Nach ein, zwei Jahren war die Ehe geschieden. Die Frau hauste einige Jahre mit ihren Möbeln allein, dann – es konnte ja so nicht bleiben, und noch immer, noch immer war der einzige Weg die Heirat –, dann heiratete sie wieder, einen Handwerker, einen sehr einfachen, ordentlichen Mann. Mit ihm fuhr sie nach Konstantinopel, nach Antwerpen. Wir haben sie da einmal besucht. Sie hatte aus der ersten Ehe dieses Mannes, er war Witwer, zwei Kinder übernommen, und da sie arm waren und nichts hatten, bekam sie noch vier Kinder. Sie hatte früher zu Hause bei uns oft erregte Tänze mit meiner nicht weniger leidenschaftlichen und heftigen Mutter. Später stand die Tochter, die vielgeprüfte und erfahrene Frau, aufs herzlichste auch mit ihr. Ihr Schicksal war schwer wie das meiner Mutter, aber sie bestand es ebenso tapfer wie sie und wurde nicht gebrochen. 1914 wurde Antwerpen beschossen und von den Deutschen eingenommen. Sie hat diese Belagerung und Beschießung mit ihren Kindern mitgemacht, auf einem großen Transport kam sie gleich nach der Einnahme Antwerpens nach Deutschland.

Obwohl sie sich schwer mühte, war sie doch immer guter Laune und gab rechts und links Rat und war sehr beliebt. Es war ein Ende, das gut zu ihrem Bilde paßt, das sie dann traf: der Tod beim Einholen von Milch für ihre kleinen Kinder. Die Kinder sind dann gut herangewachsen, sie gehen in die Schule oder, siehe da, sogar die Töchter, sind schon selbständig, stehen auf eigenen Füßen, obwohl sie jung sind. Es geht ihnen allen gut. Dies sage ich, in einem leisen Denken, daß sie es selber hört.

IX

LEBENSABSCHLUSS MEINER MUTTER

Wir zogen von der Blumenstraße nach der Landsberger nahe dem Friedrichshain, dann nach der ganz neuen Marsiliusstraße gegenüber der Fabrik, in den vierten Stock – ich konnte von da auf den Hof meiner Gemeindeschule herüberblicken nach der Blumenstraße. Dann kam der Grüne Weg, wo wir auch einmal die Ehre hatten, den alten Herrn, den Hamburger, als Gast bei uns zu sehn. Die Familie trat langsam aus dem Stadium des Bettelns heraus, hauptsächlich durch die Arbeit des ältesten Bruders. Wir wohnten in der Wallnertheaterstraße, folgten dem ältesten Bruder, als er sich selbständig machte, nach der finsteren Markusstraße und später noch östlicher in die Memeler Straße an der Warschauer Brücke. Allmählich schmolz die Familie zusammen. Als erster verließ Hugo, der Schauspieler, das Nest: er heiratete sehr jung, und meine Mutter hatte von ihm das erste Enkelkind. Dann heiratete der älteste Bruder, und wir waren noch zu dritt bei der Mutter. Dann kam die Eheschließung meiner Schwester, und ich ging auswärts studieren. Blieb noch bis kurz vor ihrem Ende der jüngste Bruder bei meiner Mutter.

Im Leben der Frau vollzog sich da um 1908, wie sie schon über sechzig Jahre war, eine glückliche Wendung. Ein sehr heller Lichtstrahl fiel in ihr Leben: sie erbte einen großen Betrag von einem ihrer Brüder. Sie war von dem Augenblick an wirtschaftlich selbständig und gut gestellt. Es entsprach ihrer Art, daß sie uns von dem, was sie hatte, gab, soviel sie nur konnte.

Yolla Niclas

1927, Gummidruck, Herrenbildnis, $\frac{1}{25}$ sec.
Blende f: 6,8. Bei dieser Zimmeraufnahme bringt
die ungekünstelte Haltung Leben in das Bild, während
die etwas scharfe Beleuchtung große Plastik bewirkt.

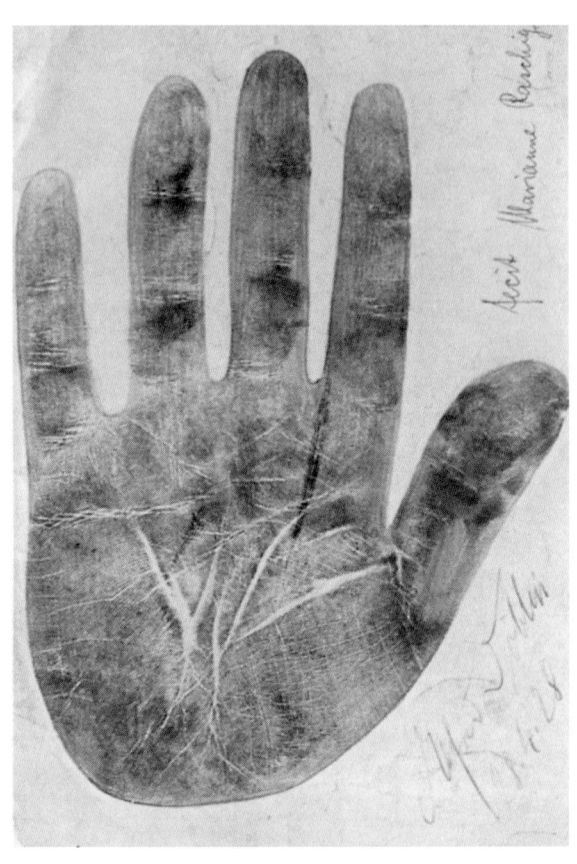

La main, die Hand.
Alfred Döblin studiert die Linien mit und sagt:
»Sicher ist mir nur, daß es die linke Hand ist.«

Sie ging jetzt in Sommerfrischen, machte kleine Reisen, auch einmal eine große, nach Antwerpen zu meiner Schwester. Aber schon damals hatte sie rätselhafte Zeichen eines Leidens an sich. Ihr rechter Arm zitterte, ihre rechte Hand zitterte, und es war solch merkwürdiges Reißen in dem Arm, das gar nicht weichen wollte, durch Einreiben nicht, durch Elektrisieren und Massieren nicht. Es war 1910. Ich zeigte sie meinem damaligen Chef am Urbankrankenhaus, Albert Fränkel. Er sagte kopfschüttelnd, es sei eine putzige Sache, man müsse beobachten. Nach einem halben Jahr war alles deutlich: der Arm war steifer geworden, sie konnte sich nicht das Haar mehr machen, das Zittern der Finger hatte einen eigentümlich rhythmischen Charakter, das Pillendrehen zwischen Daumen und Zeigefinger. Es war der Beginn der Schüttellähmung, der Paralysis agitans. Die dann ihren langsamen schweren furchtbaren, langsamen schweren jämmerlichen Verlauf, Ablauf, Hinablauf nahm. Langsam stellte sich die Spannung, Steifigkeit und Härte auch im rechten Bein ein, griff nach links über. Den Kopf befiel ein Zittern, die Gesichtsmuskeln wurden eigentümlich streng. Sie wußte nicht, was sie hatte.

Man sagte ihr: es sind die Nerven. Und sie sagte, ja, das sei nicht wunderbar nach dem, was sie alles hinter sich hätte, die Arbeit die langen Jahre, allein mit fünf Kindern, dann noch abvermietet und selbst gewaschen. Ich fuhr mit ihr nach Wiesbaden, sie besserte sich, aber das war alles Trug. 1914, Ende Juli im Trubel der Kriegsgefahr, brachte ich sie nach Öynhausen. Die Bahnhöfe waren von Soldaten gefüllt, auf der Rückfahrt lagen Posten an manchen Brükken. Ich fuhr mit Russen, die rasch nach Hause wollten. Ich konnte mich in Berlin kaum aus dem Zug pressen, so stürmten neue Menschenhaufen die Coupés. Aber Öynhausen tat der alten Frau nicht gut, die Bäder schwächten sie. Ich erinnere mich noch, wie sie mich später in der Frankfurter Allee einmal besuchte, Oktober 1914 zum Geburtstag Peters, meines Ältesten. Sie kam mit Geschenken; es ging sehr, sehr langsam die Treppe herauf und herunter.

Ende 1914 wurde ich einberufen, ich sah sie zwei Jahre nicht, meine Urlaube waren mit eigenen Krankheiten erfüllt. Dann kam ich nach Lichtenberg, wo sie wohnte mit dem jüngsten Bruder. Welches Bild. Ich stieg die Treppe hinauf. Ich wußte, sie hatte eine Krankenschwester bei sich. Ich klingle, es öffnet niemand. Ich klingle und klopfe. Da bewegt sich drin eine Tür und ein ganz langsamer schnurrender Schritt naht. Drin wird die Kette abgenommen, und sie steht da. Das ist sie, die »Oma«. Ihr Haar ist schlohweiß und dünn. Es ist heut noch nicht gekämmt, es hängt ihr seitlich über die Ohren. Die Frau ist so klein, so klein. Sie steht starr mit rundem Rükken vornübergebeugt, den Kopf hat ihr das Leiden stark auf die Brust gedrückt, die Hände hält sie wie Pfötchen fest gegen den Leib. Sie blickt kläglich, so kläglich, wie bittend von unten herauf. Dicke Säcke sind unter ihren Augen, an den Oberlidern hat sie gelbe Flecke. So steht sie an der Tür. »Du bist es, Fritz. Warum kommst du denn gar nicht?« Eine monotone, leise vibrierende Stimme, der Klang von früher ist da, aber brüchig. Ich habe sie langsam in die Stube geführt, die Schwester war einholen gegangen, ich setzte sie auf einen Stuhl. Ich habe damals bei ihr gewohnt, die Urlaubstage. Obwohl sie äußerlich so sehr verändert war, von der Krankheit in den Boden gedrückt, hatte sie noch ganz ihre alten Gewohnheiten und ihre Art, die Hausfrau, die rechnete, die Mutter, die sich kümmerte, alles greisenhaft. Sie ließ sich gern erzählen, lachte

51

auch gelegentlich. Sie war unbehilflich wie ein
Stock, mußte gesetzt, gefüttert und gewaschen
werden. Aber noch konnte sie, auf die Füße gestellt, die kleinen Schritte machen; wenn sie aber
fiel, konnte sie sich nicht aufrichten. Es kam das
Kriegsende, wir waren alle wieder da, es besuchte sie bald der, bald der. Sie zog zu meinem
ältesten Bruder, bei der Beschießung Lichtenbergs trug man sie in den Keller.

Ich will nicht schildern, was geschah, als sie
das letzte Jahr nicht mehr sitzen konnte, wie sie
bettlägerig wurde. Wer diese Krankheit kennt,
weiß: das ist das Ende vom Lied. Die Menschen
bleiben in ihrer Unbehilflichkeit wie ein Stein
auf dem Fleck liegen, auf den man sie gelegt hat,
und der Druckbrand befällt ihr Fleisch. Da lag
sie denn in ihrem letzten Jahre in ihrem Zimmer
– mein Bruder war mit ihr nach dem Tiergarten
gezogen –, behütet von der Krankenschwester,
ein Gerippe mit starren Gliedern, aber doch
noch mit den unverkennbaren lieben Leidens-
zügen unserer Mutter. Das war ihr dünner weißer
Scheitel. Ihr Blick. Sie litt nicht so viel. Die sie
sahen, litten mehr. Es gibt Morphium und noch
stärkere Dinge. Ich behandelte sie mit anderen
zusammen. Manchmal setzte man sie auf, sie

war wie eine Puppe aus einem einzigen Stück, furchtbar von Wunden bedeckt, an der Hüfte, den Hacken, den Schultern, der schreckliche Druckbrand. Meist war sie klar, aber auch viel verwirrt, von dem schleichenden Wundfieber, von Betäubungsmitteln, von senilen Delirien. Bis die Ruhe eintrat und die Seele ein Erbarmen hatte und den Körper losließ.

In Weißensee liegt sie neben ihrer Tochter. Auf ihren Grabstein haben wir die Worte setzen lassen: Die Liebe höret nimmer auf.

X

VERMITTLUNG DER BEKANNTSCHAFT MIT EINEM FAMILIENMITGLIED

Wir haben die Ehre, ein Mitglied dieser Familie vorzustellen, den in Berlin ansässigen Alfred Döblin, den vorjüngsten Sohn der Familie. Sein Bild legen wir in mehreren Exemplaren bei, ferner seinen Handabdruck. Er ist als Sohn des obengenannten Max Döblin und seiner Ehefrau Sophie, geborene Freudenheim, am 10. August 1878 in Stettin geboren.

Er ist 160 Zentimeter groß. Nacktgewicht 114 Pfund; Brustumfang, Einatmung: 92 cm,

Ausatmung: 86 cm; Kopfmaße: Umfang 58,5 cm, Längsdurchmesser 22 cm, Querdurchmesser 16 cm. Er ist heriditär stark kurzsichtig und astigmatisch.

Gesichtsfarbe meist blaß, sichtbare Schleimhäute mäßig durchblutet, die Muskulatur schwach entwickelt, kaum Fettansatz. Die Reflexe an den Pupillen auf Lichteinfall und Naheinstellung sind regelrecht, die Reflexe der Kniesehnen und Achillessehnen deutlich gesteigert. Händedruck beiderseits gut, keine Auffälligkeiten der motorischen Kraft. Kein Schwanken beim Augenschluß, kein Zittern der Hände. Normale Stich- und Berührungsempfindlichkeit der Hautdecke. Rachenreflex vorhanden. Die Brust- und Bauchorgane sind ohne Befund.

Das Gesicht ist schmal, die Haare dunkelbraun, gut vorhanden, mit grauen untermischt, die Augenfarbe ist graublau. Am Mund fällt der Überbiß auf, angeblich in der Familie erblich, ebenso wie die Kurzsichtigkeit. Der Gaumen ist hoch. Im Gebiß fehlen: Eckzahn links oben, 1. Backzahn rechts oben, Weisheitszahn links unten und rechts oben.

Der Knochenbau ist grazil. Der Untersuchte gehört im ganzen mehr dem mageren beweglichen Typ an, den Kretschmer in die schizoide Reihe stellt.

Die Nase ist charakteristisch stark, auch lang, liegt im Profil in einer Linie mit der zurückfliehenden Stirn. Sie ist, vorn abgebogen, die eines Juden. Ethnologisch ist er kein reiner Typus, es liegen nordische Akklimatisationseinflüsse vor, erkenntlich an dem Langschädel, der graublauen Augenfarbe und der Farbe der Kopfhaare, die angeblich in der Jugend flachsblond war und erst später nachdunkelte. Mehrere Kinder des Untersuchten zeigen den nordischen Anpassungstypus noch deutlicher.

Seine Handschrift analysiert Dr. Max Pulver (Zürich) wie folgt:

Sein Temperament:

Eine Legierung aus nervös und motorisch: beispielloser Aktivitätsumfang; sehr zart, aber subtil sinnlich mit umfassender Ausstrahlung in die entferntesten Ätherregionen, so gut wie in die Abgründe des Kollektiv-Unterbewußten.

Der Elan zur Gestaltung ist das erste, dann ein weit ausgreifendes Umklammern breiter Gebietsgruppen.

Stoff existiert für ihn nicht, alles ist seelenhaft, in einem fast gasförmigen Aggregatzustand.

Selbstdisziplin drängt zur Analyse; die bürgerliche Gründlichkeit wird durch Abgründigkeit ersetzt.

Mut und Lust des Fabulierens. Märchen auf analytischer Grundlage.

Die schöpferische Welle immer wieder durch Selbstkontrolle gestaut, immer wieder durch ihre immanente Leichtigkeit weiter schwingend.

Gigantische Ausmaße der Fabel wie des Arbeitsschwunges.

Das private Ich:

Hellfühlig im Zusammenhang mit physischer Schwäche; bescheiden, umhegt von Enge, Notwendigkeit des Druckes; der Alltag gebrochen, aber nicht zerbrochen.

Hier gütig, aber knapp, Diplomatie gebrauchend aus menschlicher Rücksichtnahme.

Durch die Pressung notwendigerweise etwas empfindlich, ebenso wie durch die ungeheure Dilatation seines Wesens.

Als Verteidigung Sarkasmus, Spott.

Ehrgeizimpulse können die persönliche Selbstbescheidung gefährden.

Unter Menschen:

Größeres Selbstgefühl, direkt, fast naiv.

Kann mit der Türe ins Haus fallen, zeigt kleine Eitelkeiten, aber auch Mut, seine Gesinnung zu vertreten.

Trotzdem Routine der Öffentlichkeit gegenüber vorliegt, macht ihn diese bis zu einem gewissen Grade sich selber fremd.

Ich-Impulse mischen sich ein.

Sein Beruf:

Kinder- oder Nervenarzt.

Dazu Künstler.

Große sensible Aufnahmebereitschaft, unerhörte Fähigkeit analytischen Eindringens, namentlich in der Richtung des Seelisch-Unbewußten.

Dabei starke Verankerung in der Physiologie; wahrscheinlich mehr Neurologe als Psychoanalytiker.

Die Worte »medizinisch« und »Literatur« zeigen charakteristische Schreibstörungen.

Kollision der Interessen wahrscheinlich in ihrer Projektion subjektiv gefärbt.

Gesundheit:

Zäh, mit einiger Ökonomie im Energieverbrauch;
dabei sind Schwächezustände nervöser Art registriert, daneben Stoffwechselstörungen wahrscheinlich.

Die sehr ungewöhnliche Wesenszusammen-
setzung erlaubt hier keine weitere Prognose.

Betrachtung und Betastung seiner Hände,
vorgenommen von der ihm unbekannten Frau
Marianne Raschig:

Aus der kleinen, nicht weiten, feingliedrigen
Hand mit fühlerartig zugespitzten, nervösen Fin-
gern, von denen Zeige- und kleiner Finger schmal
und so zart und biegsam sind, daß sie wie gewun-
den erscheinen, spricht Hypersensitivität, eine
seelische Anpassungsfähigkeit, die Eingebungen
und seelischen Kundgebungen hemmungsfrei
folgt, von ihnen fast überschwemmt wird und in
einer Art medialen Trancezustandes empfängt.

Die vielen Linien der Innenfläche zeigen trotz
Eigenart und bizarrer Formung große Harmo-
nie und Klarheit (besonders fällt die doppelte,
breite, helle Merkurlinie – zum kleinen Finger
gehend – auf). Der hohe, von geschwungenen
feinen Linien durchzogene Venusberg (Daumen-

ballen) verrät Schönheitssinn, stark ausgeprägtes Empfinden für Form.

In dem interessanten Handbild fällt besonders das einer Wünschelrute ähnliche Gebilde auf, welches, aus Saturn- und Merkurlinie gebildet, den Apolloberg (unter dem Ringfinger) umgreift. Auf diesem Berg ist ein aus vielen Linien gewebtes großes Schrägkreuz zu sehen, das – schon in alten Büchern »croix mystique« genannt – auf mystische Unterströmungen und metaphysische Gaben hinweist.

»Sie geben zuviel Nervenkraft aus. Ihre Nägel sind ganz auffallend rot. Lassen Sie sie länger wachsen. – Logik ist gut entwickelt. – Sie haben viel innere Störungen und Stimmungen, das kommt unaufhörlich durch Sie, es ist etwas Mediales. Sie sind eine Art Medium. Die Sicherungen, die geistigen und äußeren, die ein medialer Mensch braucht, sind vorhanden, sind entwickelt, aber Sie wenden sie nicht immer an. – Auffallend ist, wie nachgiebig, weich, wie enorm einfühlsam in andere Sie sind. Sie haben ein wirkliches Übermaß davon. Sie müssen viel mehr an sich denken. Egoismus fehlt ganz. – Sie sind sehr impulsiv. Dinge, die Sie angefangen haben, führen Sie zu Ende. Sie haben da eine große Beständigkeit und Zuverlässigkeit. – Ihr Pflichtgefühl ist enorm. Es ist wirklich zu groß. Sie sind da ständig auf dem Qui-vive. Das ist nicht ganz gut. Man kann dann und wann auf dem Qui-vive sein, aber dieses ständige. – Sie sind ganz und gar nicht befangen. Sie haben einen ausgesprochenen eigenen Willen, eine Selbständigkeit, ein eigenes Wesen. – Die Lebenslinie ist sehr gut, sehr lang; Sie stammen wohl aus einer langlebigen Familie? Aber denken Sie an Ihre Nerven, die Nägel, und die Kraft mehr nach außen lagern. Sie neigen auch zu Grübeleien. – Merkwürdig ist das hier: es kommt Ihnen Glück oder Erfolg, vielleicht noch in diesem Jahr, vom Ausland. Haben Sie da Verträge oder Verhandlungen? Handelt es sich um Übersetzungen Ihrer Bücher? Ja, also von da kommt etwas.«

Sie tastet unaufhörlich die Finger, Gelenke ab, dreht und wendet die Hände. –

Der oben Genannte, nach seinen ersten Berliner Eindrücken, nach Stettiner Erinnerungen, nach seiner Schulzeit gefragt, gibt folgende summarische Erklärung:

In Stettin der große Paradeplatz. Wir wohnen in der Wilhelmstraße nahe den Linden. Wir spielen auf der Treppe des Rathauses, man blickt zur Eisenbahn herunter. Ausflüge mit dem Dampfer und zu Fuß nach Gotzlow, ein Schulausflug, wobei die älteren Schüler großen Eindruck machten mit ihren tiefen Stimmen. Kaiser Wilhelm der Erste besucht Stettin, die feierliche Einfahrt, Bismarck ist dabei, er hat einen Kürassierhelm auf, der ist blank, kolossal und ihm viel zu groß. Als der Kaiser stirbt, fällt die Schule aus, Glocken läuten, man hält eine Rede in der Klasse, es sei ein schweres Ereignis. Ich weiß dann auf dem Nachhauseweg nicht, ob man jetzt weinen muß, zu Hause finde ich alles ruhig, und man nimmt von nichts Notiz. Zuletzt nach der Familienkatastrophe gehe ich an der Hand meiner Mutter die Linden entlang, ich schäme mich, ich denke, alle Leute sehen es uns an. –

Der Untersuchte gibt weiter an, er habe diesen seinen an der Oder gelegenen Geburtsort Stettin, welches der Sitz eines Regierungspräsidiums usw. ist, später noch einmal besucht. Er wollte da Arzt an einem Krankenhaus werden, stellte sich vor, bekam einen Korb. Er sagt lächelnd: Die Stadt hat mir also wieder die kalte Schulter gezeigt. Er glaubt, seine Nase (siehe oben) habe nicht gefallen. Bei der Gelegenheit

hat sich ihm auch das Bild der ganzen Stadt verändert. Er fand ein großes, ihm unbekanntes Vil-
lenviertel vor. Der Paradeplatz war ungewöhnlich langweilig. Der Treppenabsturz am Rathaus
war ganz ungefährlich, es waren bequeme Stu-
fen. Die Häuser waren niedrig. Die Stadt war
sehr unbelebt und ohne Farbe. Der Untersuchte
erklärt wörtlich: Ich stellte fest, daß ich in dieser
Seestadt geboren bin, möchte es aber ebenso wie
die Stadt dabei bewenden lassen.

Bitte ein paar Daten aus Ihrer Schulzeit. –

Aus dem Friedrich-Wilhelmstädtischen Real-
gymnasium wurde ich 1888 genommen. Damals
saß ich mit zehn Jahren in der Sexta. Mit dreizehn Jahren, 1891, saß ich wieder in der Sexta, in
Berlin, im Gymnasium, als Freischüler. Zwischendurch war ich Gemeindeschüler. Der Weg
von der Sexta zur Sexta kann also umständlich
sein. Das Gymnasium verließ ich nicht, ohne das
Abiturium erstritten und folgendes Zeugnis da-
vongetragen zu haben:

Betragen und Fleiß: Sein Betragen war ge-
setzlich (!!), sein Fleiß ausreichend. Deutsch:
Seine Aufsätze hatten meist befriedigenden Inhalt, wenn auch nicht immer in gehörig über-
legter und mit genügender Sorgfalt ausgeführ-

ter Darstellung. Der Prüfungsaufsatz genügte. Von den im Unterricht behandelten Dichtungen und Abhandlungen hat er sich eine sichere Kenntnis angeeignet und folgte der Besprechung stets mit regem Eifer und recht klarem Verständnis: Genügend.

Latein: Nicht zu schwierige Stellen der Schriftsteller versteht er in befriedigender Weise ins Deutsche zu übertragen. Von den häufiger vorkommenden Versmaßen des Horaz besitzt er eine genügende Kenntnis. In der Grammatik und der Anwendung der grammatischen Regeln bewies er ausreichende Sicherheit. Das Urteil über seine Klassenleistungen lautet daher ebenso wie das über die schriftliche Prüfungsarbeit: Genügend.

Griechisch: Er hat diesem Gegenstande reges Interesse zugewendet. Mit den wichtigsten Versmaßen ist er wohl bekannt; eine Anzahl Dichterstellen hat er mit Sorgfalt seinem Gedächtnis eingeprägt. In der Grammatik hat er sich sichere Kenntnis angeeignet und in der Übertragung der Schulschriftsteller ausreichende Fertigkeit erworben. Das bestätigte die genügende Probearbeit. Daher kann er im Griechischen unbedenklich das Gesamturteil Genügend erhalten.

Französisch: Seine Kenntnisse sind hinreichend, um einen leichteren Schriftsteller genügend zu übersetzen. Obwohl seine Prüfungsarbeit, die er ohne jede Sorgfalt angefertigt, nicht genügte und auch die mündliche Prüfung große Schwächen in der Grammatik verriet, kann das Gesamturteil über seine Leistungen noch Genügend lauten.

Geschichte und Erdkunde: Er kennt die epochemachenden Ereignisse der Weltgeschichte. Auf dem Gebiete der deutschen und preußischen Geschichte hat er sich bei sorgfältigem Fleiß eingehende Kenntnisse erworben. Über den Zusammenhang der Ereignisse wußte er hinreichende Auskunft zu geben. Seine Kenntnisse in der Geschichte verdienen daher durchaus genügend genannt zu werden. In der Geographie besitzt er ebenfalls genügende Kenntnisse.

Mathematik: Die Lücken aus früherer Zeit hat er mit großem Fleiß ausgefüllt. Er kennt nun das vorgeschriebene Pensum so weit, daß er die nicht zu schwierigen Aufgaben dieses Gebiets selbständig lösen kann. Da seine Klassenleistungen wenigstens in letzter Zeit und ebenso seine Prüfungsarbeit den Anforderun-

Yolla Niclas

Peter Döblin und Wolfgang Döblin,
geboren 1912 und 1915
»Bitte recht unfreundlich, die Herren!«

Klaus Döblin, geboren 1917
»Schreibt man Pulver mit 'm ›w‹
oder ›f‹?«

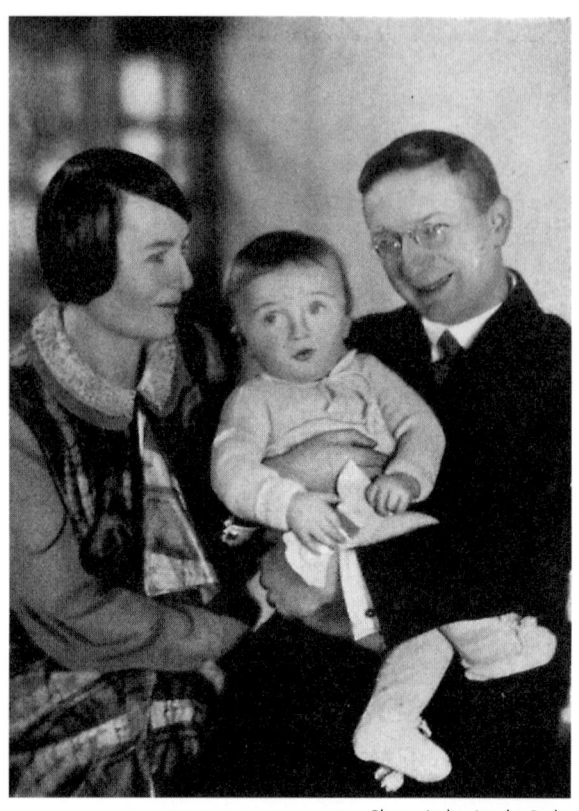

Photo: Atelier Jacobi, Berlin

Anbetung des Jüngsten
(Stefan Döblin, geb. 1926)

gen genügten, so lautet das Gesamturteil: Genügend.

Turnen: Genügend.

Singen: Gut.   Im Jahre des Heils 1900.

Ich war dreiundzwanzig Jahre alt, als ich das Gymnasium verließ, so äußert sich der oben Geschilderte und Untersuchte aus der charakterisierten Familie. Ich habe beim letzten Verlassen der Schule dort auf den Boden gespuckt. Ich lege Wert darauf, daß dies festgestellt und zu Protokoll genommen wird. Man werde sich auf der völlig veränderten Schule nicht mehr auf ihn besinnen. Es seien ja natürlich jetzt andere Lehrer da, sogar der Lehrplan sei ganz geändert. Wenn aber einmal einer beim Vorübergehen an der Schule an dem großen Gebäude oder gar beim Betreten des Treppenhauses seiner gedenke, so bitte er gleich im Treppenhaus rechts, vor der untersten Steinfolge, nach unten zu blicken. Das sei die Stelle, wo er abschließend auf den Boden gespuckt habe.

Darauf schweigt der Befragte. Er wird mehrfach gedrängt, sich näher zu äußern und sich zu erleichtern. Er ist aber finster und macht einen verstockten Eindruck. Es bleibt uns nichts weiter übrig, da der Befragte hartnäckig schweigt und offenbar hier ein wichtiger Punkt zu seiner Beurteilung vorliegt, zu einem besondern Mittel zu greifen. Wir verlassen den Befragten und schließen ihn in dem Untersuchungszimmer ein. Vorher aber legen wir, ohne daß er es merkt, auf einen Seitentisch einen Haufen weißes Papier und einen Bleistift. Auf das Fensterbrett legen wir Zigaretten und Streichholz. Wie wir am Abend wiederkommen, finden wir den Untersuchten auf dem Sofa schlafen. Das Licht brennt. Er hat offenbar stark geraucht. Am Boden vor dem Tisch liegen dichtbeschriebene Blätter. Sie sind numeriert. Das erste Blatt trägt die Überschrift ›Gespenstersonate‹.

XI

GESPENSTERSONATE

Dies ist das X-Gymnasium in Berlin. Es nehmen Platz auf Bänken nebeneinander die Lehrer, Professoren und Doktoren. Sie sind fast alle tot. Sie sind gekommen und wollen anhören, was ein ehemaliger Schüler der Anstalt, der zehn Jahre mit ihnen gegangen ist, ihnen über ihre Schule zu sagen hat. Sie sitzen ruhig auf ihren Bänken, sie fürchten sich ganz und gar nicht vor dem Mann, der sie geladen hat. Sie werden sich nicht verteidigen. Daß nicht viel mit ihm los ist, haben sie schon immer gewußt. Der Einlader steigt auf das Katheder. Er ist unsicher. Er will sich wie gewöhnlich auf eine Bank setzen. Die Lehrer stoßen sich an, einige lächeln ironisch. Dann besinnt sich der Einlader, hält an der vorderen Bank einen Moment an, wie nachdenkend, tatsächlich überwindet er eine Hemmung. Nun steht er auf dem Katheder, die schwarze Tafel ist hinter ihm. Es gibt ein langes Schweigen, während dessen sich vieles im Innern des Einladers ereignet. Es dauert auffällig lange, bis er den Mund öffnet. Die Lehrer unten beobachten ihn wie einen schuldbeladenen Schüler.

Der Einlader beginnt alle Herren bei Namen zu nennen. Er spricht leise, ohne von der Tischplatte aufzusehen. Er hat große, enorm scharfe Brillengläser ohne Rand, dahinter sind seine Augen. Ab und zu nimmt er das Glas ab, dann erschrecken die Lehrer, die gerade hinblicken. Er hat große graublaue Augen, die tief liegen und ins Leere sehen. Sein Gesicht ist plötzlich unbekannt, metaphysisch fremd und doch merkwürdig eindringend, eine Landkarte, in der man sich nicht zurechtfindet. Es tut den Lehrern wohl, wenn er die Brille von der Tischplatte wieder aufnimmt. Er spricht.

– Ich habe Sie alle hergeladen, meine Herren Lehrer, die Sie mich ja kennen. Und ich danke Ihnen, daß Sie meiner Einladung gefolgt sind. Besonders denen danke ich, die nicht mehr unter uns sogenannt Lebenden weilen. Ich wußte voraus, daß Sie kommen würden. Ich wußte, daß Ihr Berufsinteresse Ihnen über die Strapazen des weiten Weges weghelfen würde. Ich dachte mir, meine Herren Lehrer, man soll nicht einseitig in der Welt sprechen. Ich wollte jetzt sprechen, aber Sie sollen dabei sein, wenn ich es tue. Ich spreche nicht, um mein Herz zu erleichtern. Mein Gespräch soll eine Auseinandersetzung mit Ihnen sein.

Ich bin in der Schule, an der Sie tätig waren, zehn Jahre gewesen. Von der Sexta bis zum Abiturium. Es war eine lange Zeit. Ich lasse es dahingestellt sein, ob es eine schöne Zeit war. Es war keine schöne Zeit. Eine schwere Zeit. Wenn ich – lassen Sie mich offen reden, Sie werden es ja auch tun –, wenn ich ganz offen sein soll, es war für mich eine recht schwere Zeit. –

68

An dieser Stelle schweigt der Einlader, trommelt auf die Tischplatte, fährt mit noch leiserer Stimme fort.

– Sie werden – auf Sie wird das keinen Eindruck machen. Ich glaube überhaupt, daß ich schon jetzt im Beginn einen schwächlichen Eindruck, einen sentimentalen, auf Sie mache. Ich erinnere mich an Ihren Geschichtsunterricht, Herr Professor Kerka, Sie waren ein strenger, aber guter Mann, Sie trugen Preußengeschichte vor, – daß Friedrich der Große stark geworden ist durch die Härte seines Vaters. Nietzsche hat Ähnliches gesagt: »Was man wird, wird man trotzdem.« Es ist etwas daran. Ich finde nur (hier stockt der Einlader und schluckt und kaut), es war – doch etwas – viel bei Ihnen.

Professor Schattmann (allgemein Dummkopf genannt; so nannte er nämlich gern andere; widerwillige Stimme): Darf ich Sie fragen: Sind Sie etwas geworden? Was sind Sie?

E.: Ich bin Arzt, Herr Professor. Außerdem schreibe ich.

Schattmann: Dann haben Sie doch also studiert.

E.: Ja, das habe ich.

Schattmann: Ja, dann weiß ich nicht, was Sie da wollen mit »schwer« oder »nicht schwer«. Sie werden doch nicht anfangen, uns etwas vorzuplärren. Was wollen Sie denn. Dem einen wird's leicht, dem andern nicht. Das ist nun mal so. (Er sitzt, er hat durchdringende Augen. Das ist ein guter, ehrlicher Mann.)

E.: Eben, etwas darüber zu sprechen, hin und her zu sprechen, habe ich Sie hergebeten. Es ist die Frage, wie schwer man es einem machen muß und wie man dosieren soll. Das Leben ist nicht leicht, die Schule soll nicht verzärteln, wie manche Eltern tun. Mein Zuhause war nicht schlecht. Es war eng, gedrückt, wir waren gut zueinander. Besonders meine Mutter, die war eine besorgte, wirklich liebevolle Mutter. Ich sage nur das Beste von ihr und von allen. Im Grunde aber – wächst man doch allein auf. Auch die Schule soll ignorieren. Auch dies soll das Kind auf der Schule erfahren, das Leben wird später nicht anders tun. Aber – in einer Hinsicht unterscheidet sich sicher die Schule vom spätern Leben, das weiß ich doch jetzt auch: Dieses Ignorieren erfolgt im Leben draußen zufällig, in der Schule soll es planmäßig erfolgen. Ich habe ja auch im Leben die

Möglichkeit, mich der allgemeinen Ignorierung zu entziehen und selbst etwas zu suchen, einen Menschen oder mehrere Menschen, die mich nicht ignorieren. Aber was kann ich bei Ihnen tun. Das Leben ist nicht für mich da – die Schule könnte es schon sein! Wollen Sie mich nicht mißverstehen, meine Herren Lehrer, ich will keinen beleidigen, ich denke mir nur: in gewisser Hinsicht hat der Lehrer dem Schüler zu dienen. Ganz allgemein und grob gesagt, aber es soll nicht demagogisch sein: die Schule soll dem Schüler helfen.

Schattmann (ohne aufzusehen): Aber zum Teufel, Sie sind doch etwas geworden.

E. (sehr leise): Ich – weiß – nicht –.

Schattmann: Was heißt das?

E. (schweigt).

Schattmann: Ich denke, Sie sind Arzt?

Bräuel neben ihm nickt heftig.

E. (steht lange stumm, macht dann eine Bewegung, wendet sich offenbar innerlich mit einem Ruck von etwas ab, spricht in einem veränderten frischen Ton, der zuerst gezwungen klingt): Als ich also in der Schule anfing, ging es mir ganz gut. Mein erster Lehrer, in der Sexta, waren Sie, Herr Professor Haffner. Sie hatten ein schweres Augenleiden, man hatte Ihnen ein Auge entfernen müssen. Ich war in Ihrer Klasse Erster, blieb Erster bis zur Quarta. Ich habe Sie gut in Erinnerung, Herr Professor. Eine kleine Leidensgeschichte passierte mir bei Ihnen, Sie wissen nichts davon. Es ist vielleicht nicht ohne Interesse, etwas Privates vom Schüler zu hören. Sie wissen, es gab in den Klassenzimmern einen Schrank zur Aufbewahrung für allerlei Material. Ich als Erster hatte den Schlüssel dazu. Den Schlüssel trug ich an einem Bindfaden um den Hals. Eines Tages – war der Schlüssel weg. Ich hatte ihn verloren. Der Bindfaden war bei irgendeiner Gelegenheit aufgegangen. Nun, es wäre ja ein leichtes gewesen, den Schaden zu reparieren. Ich hätte es melden können, ich hätte es zu Hause sagen können. Ich sagte es nicht. Der Schrank war zuletzt zufällig offen, ich ließ ihn offen und meldete es nicht. Ich war in ständiger Furcht, aus dem Schrank könnte etwas wegkommen, und dann hätte ich die Schuld daran, und außerdem kam heraus, daß der Schlüssel weg war. Es war ein unleidlicher Druck, monatelang. Zu Hause war jeder Pfennig heilig, ich mochte nicht nach Geld kommen, der Schlüssel sollte 1,50 M. kosten. Ich dachte an Sparen, aber nach

Monaten, Monaten hatte ich erst 30 Pfennig zusammen. Ich träumte nachts von dem Schlüssel. Oft stellte ich mir die Situation vor, wie ich es offenbaren würde, und ich setzte tatsächlich öfter dazu an: also ich fasse mich an den Hals, wo ist mein Schlüssel, die Strippe ist entzwei, ich hatte ihn eben noch. Und dann wird in der Wohnung nach dem Schlüssel gesucht, und mir ist ein Stein vom Herzen gefallen. Dutzende Male ging ich nach Hause mit dem festen Entschluß: heute sage ich's. Ich habe es hingehalten bis dicht vor der Versetzung. Dann mußte ich es sagen, und dann war es gar nicht schlimm. Meine Mutter war nur besorgt, daß es mir in der Schule schaden würde. Sie ging gleich in die Schule, es war Nachmittag, Sie waren grade da, Herr Professor. Sie erzählte mir nachher, Sie waren da und sagten: Ja wirklich, der Schrank ist offen. Da wurde der Schuldiener geholt, der Schlüssel wurde angefertigt und – alles war gut. Es ist sonderbar, wie man sich schon so als Kind, ich war dreizehn Jahre, das Leben durch Gedanken schwer machen kann, durch Scham, durch Furchtsamkeit. Es waren viele drückende Momente in dem Jahr gewesen, ich weiß, die Schuld war bei mir. Das hat vielleicht für Sie kein großes Interesse. Es ist nur ein Privaterlebnis.

Bräuel (der Mathematiker, sehr eifrig): Oh, es hat für uns doch ein großes Interesse. Es bestätigt, war wir von Ihnen dachten. Sie hätten eben offen sein sollen. Es hat Ihnen auch später immer an Aufrichtigkeit gefehlt.

E. (ohne zu lächeln): Ich weiß es. Ich bin wenig offen gewesen. Hätte es mir aber bei Ihnen geholfen, Herr Professor? Zur Offenheit gehören immer zwei.

Bräuel: Nein. Niemals. Zuerst gehört zur Offenheit einer.

E.: Sie haben recht. Der sollte ich sein.

Bräuel: Ganz sicher.

E. (blickt ihn starr an): Ich – konnte nicht sprechen. Ich konnte es nicht. Und – warum waren Sie nicht der erste, warum haben Sie mir nicht die Zunge gelöst?

Bräuel: Das ist ja noch besser. Sollen wir auch damit zu tun haben. Wir haben doch nicht Charakterfehler zu heilen.

E. (zuckt, läßt die Schultern sinken, steht schlaff): Danke. (Nach einer Pause:) Dann also kam ich zur Quarta. Von da sank ich. Ich war erst noch ein leidlicher Schüler, dann wurde ich mittelmäßig, dann schwankte ich zwischen mittelmäßig und schlecht. Ich ging zur Schule, es war Dienst. So blieb ich bis zum Ende, bis zum Schreck des Abituriums.

Bräuel (die Hände faltend, breit, sich vergnügt nach links und rechts an seine Nachbarn wendend): Das bestätigen wir gern. Ich denke: alle. Sie waren eine traurige Figur.

Buttler (der alte Butt, ein ausgezeichneter Mensch, Altphilologe): Aber Herr Kollege, lassen wir doch das.

E.: Nein, Herr Professor Buttler, ich bitte sehr darum, lassen Sie doch Herrn Professor Bräuel sprechen. Er gerät grade in Zug. Ich war eine traurige Figur. Die Meinung hatten Sie noch, als Sie vor einigen Jahren meinen Freund Kurt, den Rechtsanwalt, in Halensee auf der Brücke trafen. Wir waren beide schon lange aus der Schule. Sie erkannten ihn gleich wieder. Er erzählte, er sei jetzt Rechtsanwalt. Wie Sie staunten! Sie sagten: »Sehen Sie mal, ist doch noch etwas aus Ihnen geworden. Und Sie treiben Praxis? So so. Das können Sie also!« Dem war mal bei Ihnen folgendes passiert, er erzählt es noch heute: er mußte für eine mathematische Berechnung an die Tafel. Er hatte sich gut auf die Sache präpariert; denn er wußte, wie gern Sie ihm eins auswischten. Da stand er nun vorne, diesmal konnten Sie an ihn nicht ran, Sie saßen und lauerten. Die Aufgabe war richtig, aber der Junge war unruhig, und mit Kreide konnte er nicht gut schreiben. Da tadelten Sie wenigstens die Schrift: »Eine schlechte Handschrift ist ein Zeichen für mangelnde Wahrheitsliebe.« So, nun konnte er sich wieder setzen; die Sache war im Lot. Auch nach mir erkundigten Sie sich in Halensee freundlicherweise. Es ging Ihnen nicht ein, daß wir überhaupt lebten, daß wir existenzfähig waren.

Bräuel (lehnt sich ruhig zurück): Ich nehme an, daß Sie sich draußen besser entwickelt haben als in der Schule.

E.: Ich verstand keine Mathematik auf der Schule, verstehe auch heute nichts davon.

Bräuel (blickt gelassen um sich, nickt dem Einlader freundlich zu): Man kommt draußen mit weniger klaren Köpfen aus. Das ist uns nicht unbekannt. In der Schule müssen wir auf Logik und Exaktheit achten.

Buttler: Aber bitt schön, Herr Einlader, Herr Doktor, bitt schön, sprechen Sie doch weiter! Uns interessieren wirklich Ihre persönlichen

Eindrücke und Ihre Erfahrungen sehr. Es ist wie auf der Bühne: man sieht gern einmal das Stück von hinten. Sprechen wir doch davon. Die Geschichte mit dem Schlüssel in der Sexta war schon sehr lehrreich. Oh, man muß auf Kinderseelen achten. Aber ich sage immer: Zeit haben, Zeit haben! Hefte korrigieren, Konferenzen, man hat seine eigenen Interessen. Und dann der Lehrplan, das Pensum, ein Jammer.

E.: Sie sind sehr nett, Herr Professor, Sie sind gut wie immer. Mein Schiffchen war eben – beinahe am Kentern. Private Erlebnisse und Eindrücke. Mir fällt, wenn ich den Herrn Mathematiker höre, grade etwas ein. Ein Angsttraum. Den habe ich wie viele Menschen. Also ich träume, Herr Professor Buttler, ich muß träumen, ich bin so alt, wie ich wirklich bin, also dreißig Jahre, vierzig, fünfundvierzig, und dann muß ich aus einem Grunde, ich weiß nicht warum, aber ich muß hierher in die Schule gehen und mich in die Klasse setzen zu den Jungens. Ich muß mich neben sie auf eine kleine Bank setzen. Ich weiß, ich habe doch schon das Abiturium gemacht, ich habe doch sogar schon studiert, ich bin Doktor. Aber – ich sitze da, unglücklich, ich faß nicht, was das hier ist, man gibt mir die alten Bücher in die Hand, von Zeit zu Zeit stehe ich auf, um zu sagen, daß ich ja schon Examen gemacht habe, und ich habe schon studiert! Aber ich muß mich wieder setzen, es hilft nichts.

Bräuel: Nicht schwer zu erklären. Sie sind nicht fertig, Sie haben noch zu lernen. Sie haben etwas gutzumachen.

E. (die Augen leuchten auf): Wunderbar, Herr Professor! Daß Sie das wissen.

Andere Lehrer (durcheinander): Unsinn! Alter Dämonenglaube!

Bräuel (dreht sich zu ihnen): Der Mörder, den es zur Tatstelle drängt. In meiner Heimat erzählen sie noch andere Geschichten.

Andere Lehrer (es ist ein Zischeln, schwirrendes Reden): Dämonenglaube. Sie wissen es doch besser, Herr Kollege.

E.: Ich – träume von der Schule wie ein anderer nach einem Unfall! Im Krieg sind viele erkrankt nach Erschütterungen, Granatexplosionen, Bombenabwürfen. In ihren Träumen trat immer diese Situation vor sie; beängstigte sie. Warum? Es sind keine Mörder. Die Leute sucht im Traum wieder die Situation heim, die sie überrascht hat. Das ist die Gegenreaktion ihrer

Seele. Sie ist erkrankt, weil sie sich damals nicht wehren konnte, weil sie zu heftig, zu plötzlich überrumpelt, überrascht wurde. Jetzt zaubert sie sich im Traum die Situation vor, geht sie von neuem an, und allmählich erstarkt sie daran. Der Schock heilt aus, das Gleichgewicht zwischen innerer Kraft und äußerem Stoß wird wieder hergestellt. So wie ein Boxer lernt, seine Bauchmuskeln gegen einen gefährlichen Schlag hart zu machen. Darum – darum träume ich von der Schule. Sie meinen, ich soll das Pensum nachholen? Nein, ich muß die Schule im ganzen, diesen Unfall, diese Granatexplosion, bewältigen. Sie ist bewältigt. Der Traum kommt nicht mehr. Aber es geht weiter. Das Resultat genügt mir nicht. Um meinetwillen, auch um anderer willen. Ich muß Sie nun real und direkt anfassen, meine Herren. Wir stehen auf gleichem Boden. Ihr Gesicht soll sich mir zudrehen. Jetzt kommt die Frage nach den Urhebern, den Schuldigen, den Verantwortlichen dieser Explosion!

Schattmann: Herr Einlader, Sie kennen mich und wie Sie sagen, haben Sie keine schlechte Erinnerung an mich. Nun nehmen Sie sich zusammen und denken Sie einen einzigen Gedanken zu Ende, den aber konsequent. Sie sprechen mit Empfindung, im Affekt. Was soll das hier. Sind wir Männer? Sprechen Sie sich aus oder sprechen Sie sich nicht aus, wie Sie wollen, loben Sie, toben Sie oder tadeln Sie, gehen Sie zu Ihrer Mutter. Mich interessieren Ihre Träume nicht, bedaure. Sie haben bei uns etwas gelernt, Sie haben den Lehrplan bewältigt, Sie haben dazu allerlei Arbeiten an sich vornehmen müssen, das ist erfolgt. Wir sind kein Kindergarten. Sie stehen auf eigenen Beinen. Nun machen Sie mit den Sachen Schluß. Zum Teufel, wo gehobelt wird, fallen Späne.

Ein Turnlehrer: Er war immer ein Schlappier, ein Drückeberger.

Geschichtslehrer: Sachlich sein, das ist Preußentum, Herr Einlader.

E. (läßt sich nicht unterbrechen): Es ist aber geschehen, daß ich die Grenzen dieser Sachlichkeit erkannt habe. Es kommt darauf an: wie man gebracht wird zur Sachlichkeit und wessen Sachlichkeit? Ob ich diese Sachlichkeit will oder nicht will? Ob sie mir fremd oder genehm ist. Sie sagen: leisten, leisten. Ich frage, habe immer gefragt, schon auf der Schule, ohne es klar zu wissen: für wen leisten, für was sind diese Leistungen?

Schattmann (hart): Danach haben Sie nicht zu fragen. Das unterliegt nicht und unterlag nicht als Schüler Ihrer Kompetenz. Das haben Ältere und Klügere für Sie gedacht. Sie hatten zu leisten und sich an den Erfordernissen zu bilden. Was Sie sich dabei denken, ist gleich.

E. (wild): Das ist falsch! Leistungen, und wenn ich dabei vor die Hunde gehe! Für mich hat keiner zu denken, oder Sie haben gegen mich gedacht, Sie haben falsch gedacht. Ich hab gar nicht in Ihrer Rechnung gestanden. Ich will Ihre Klugheit aufdecken. Sie wollten mich, dieses Ich, mit Haut und Haaren zu Ihrer Sache machen. Zu einer Sache. Das ist es. Zum Träger Ihrer Sachlichkeit. Aber das war Barbarei, das ist keine Erziehung. Ich war Ihnen zur Bildung übergeben, ich war Ihnen nicht verkauft.

Schattmann: Unklare Phrasen. Gewäsch. Wirklich, Sie müssen noch einmal in die Schule.

E.: Ihr ganzes System hat uns nicht angehört. Es war noch stolz darauf, daß es uns nicht hörte. Dabei haben Sie nicht bemerkt, was geschah. Sie wollten das Wort »Ich« nicht hören. Ich pfeife auch auf das Ich. Aber bei Ihnen hat einer das Ich ausgesprochen. Ein einziger. Der Staat! Was sich »Staat« nannte! Und nicht bloß »Ich«, sondern gleich herausfordernd »Wir« im Plural der Majestät. Wir, das waren die Hohenzollern, der Hohenzollernstaat, für den ich mein Ich aufgeben sollte. Wenn da solch großartiges Ich da war, das alle verschlang, die Schule verschlang, die Schüler verschlang und zu einer Sache machen wollte – ich sage nicht »nein« dazu; ich frage nur, und ich habe das naturgegebene Recht da zu fragen, das behaupte ich Ihnen gegenüber, zu fragen: wer war dieses Ich, was wollte dieses Ich? Ich darf es ansehen. Ich darf es abtaxieren. Und was mich anlangt: wofür wollte mich dieses Ich? Sagen Sie, Herr Professor Schattmann, Sie haben sich nie diese Frage gestellt!

Schattmann (zornig): Ja, Herr. Das habe ich getan. Ich bin Beamter. Sie scheinen den Staat nicht zu kennen. Ich habe ihm gedient.

E.: Aber ich habe ihm nicht gedient. Ich nicht! Ich diene noch heute keinem Staat. Mich wird niemand dazu bewegen. Hölderlin, Schopenhauer, Nietzsche haben schon unter meiner Schulbank gelegen! Das waren meine Ichs! Ich habe schon als Quartaner gedacht und geschrieben. Sie haben diesen Dienst am Staat freiwillig gewählt, mich und die anderen hat keiner gefragt. Wir waren Jungs, Schüler, Ware. Sie hielten es nicht einmal für nötig zu fragen. So nichts waren wir. – Es ist mir bitter, so zu sprechen. Es wird mir schwer, gerade gegen Sie zu sprechen, Herr Professor Schattmann. Ich möchte mir die Zunge abbeißen, daß ich es tun muß.

Schattmann: Sie bellen, mein Herr, Sie sind mehr unser Schüler, als Sie zugeben wollen. Ich möchte aber diese einseitig erregte Diskussion einen Augenblick unterbrechen und Sie fragen, was man sich erzählt. Es ist mir da zugetragen worden: Sie haben innerhalb der Schule, im Schulgebäude unten in der Treppenhalle, auf den Fußboden gespien. Absichtlich. Was zum Teufel soll das?

E. hat die Augen gesenkt.

Der Direktor: Ich bitte auch um eine Erklärung. Mir ist die Sache eben erst zur Kenntnis gekommen, und ich möchte ohne eine zufriedenstellende Auskunft von einer weiteren Aussprache absehen.

E.: Ich will sagen, daß ich es getan habe. Ich möchte nur bitten, mich von einer Erklärung dazu zu dispensieren. Ich sehe voraus, der Augenblick ist bald da. Sie werden es dann verstehen.

Schattmann (scharf, schreit): Da ist nichts zu verstehen.

E. (ebenso laut): Wir sind nicht mehr auf der Schule, Herr Professor. Sie werden sich schon gedulden, bis ich davon sprechen will. Ich werde antworten, wenn es mir paßt. Was murren Sie? Sie haben jetzt keine Kraft, zu entweichen. Sie sind tot. Sie sind nicht mehr meine Lehrer, meine Vorgesetzten. Endlich habe ich Sie doch überlebt. Die Welt geht weiter über Sie. Hier sind Sie, Sie rühren sich nicht! Wir sprechen weiter vom Ich und von der Sachlichkeit. Und wie haben Sie die Sachlichkeit getrieben? Herr Professor Bräuel, haben Sie einmal über Ihren Mathematikunterricht nachgedacht? Da steht so ein Ich, ein armes uninteressiertes Ich, und Sie fangen an, mit mehr oder weniger Hohn, mit Selbstüberschätzung, mit Überschätzung Ihres Fachs – oh, Sie waren alle Päpste –, fangen an, auf das Ich einzuhämmern, Lehrsatz nach Lehrsatz, Beweis nach Beweis, Formeln auf Formeln. Was treiben Sie in das Ihnen unbekannte, Ihnen uninteressante, aber dennoch lebende Ich hinein, lauter Fremdkörper? Mir waren es Fremdkörper. Und um jeden Fremdkörper ein neuer Widerwille. Sie waren kein böser Mensch, aber Sie verstanden so viel vom Menschen wie eben ein Mathematiker. Und wie pensionsberechtigte

Beamten verpflichtet sind, vom Menschen zu verstehen. Eine lächerliche Sache überhaupt, diese Mathematik auf den Schulen. Für die meisten wertlos, ein abseitiges Gedankenspiel, eine Qual, weil ohne Anschauung, ohne Ziel, ohne Bindung mit einem Leben. Man soll diese Art Abstraktion verbieten oder in die Akademien schicken. Übrigens nur diese Art Mathematik, die Mathematik von heute. Früher war es eine großartige Sache, das Geheimnis von der Zahl, eine Religion. Und wie verläuft so ein Schultag, ein sachlicher, im ganzen? Diesen Unterricht habe ich jetzt, und nach der Pause ist ein anderer, der ist gleichgültig, und so schleppen sich die Stunden hin, und zu Hause gibt es Schularbeit bis in die Nacht hinein – aber eine Stunde ist Geschichtsunterricht, da wird von den Thermopylen und den Freiheitskriegen gesprochen, und wir lesen vom Tell und dem bösen Geßler: »Denn eine Grenze hat Tyrannenmacht« und »Vom Himmel holt man sich die Rechte«, Verlogenheiten, um mich zu begeistern. (Der Einlader bezwingt sich, seine Mundwinkel zucken.) Ich pfeife auf Befreiungskriege, auf das Gerede von Fremdherrschaft. Was geht mich das an. Ein Soldat mit roten Hosen geht auf der Straße, hat ein Bajonett, nun ja, das ärgert einen. Aber die Fremdherrschaft zu Hause! Die Knechtschaft wird nicht besser, wenn sie ein Landsmann ausübt. Der Franzose in der Schule! Da habe ich's gesagt. Das sind Sie gewesen. Darum habe ich mich für Ihren Geschichtsunterricht ebensowenig begeistern können wie für andere Fächer.

Der Unaussprechliche (steht auf. Der Einlader nennt seinen Namen nicht): Das ist vollkommen richtig. Sie waren ein Rebell. Ein Widerspenstiger. Die Schule hat bei Ihnen versagt.

E. (zittert, wie er den Unaussprechlichen sieht): Jetzt würde ich bitten, es gäbe so etwas wie Beschwörungsformeln, Zauberei. Ein Kranker, der mich konsultierte, hat mir einmal gesagt, er habe besondere Strahlen in der Hand, Kurzstrahlen. Sobald er die Formeln ausspricht, zerspringt alles in Stücke. Daß Sie noch leben. Obwohl Sie lange tot sind, daß Sie noch da sind.

Der Unaussprechliche: Ich gehöre zu Ihren Lehrern. Daß Sie mich hassen, weiß ich. Es ist mir eine volle Genugtuung, den schlechten Schüler jetzt wieder zu sehen. Er will paradieren. Eine Paraderolle. Sie mißglückt ihm aber.

E.: Als ich einlud, habe ich nicht an den gedacht. Ich hätte die Einladung nicht fertig bekommen. Das ist ein Lebensverkürzer. Ich will ihn nicht ansehen.

Der Unaussprechliche: Sie dachten wohl, daß wir Sie hier mit »Danke schön« reden lassen würden.

E. (dreht sich entschlossen zum Fenster): Herr Professor Konrad, ich sehe Sie, ich freue mich, Sie wiederzusehen. Wir hatten in den Oberklassen Deutsch bei Ihnen. Wir lasen etwas Goethe, aber vor allem Schiller, Sie wissen, die langen philosophischen Gedichte. Es ist kurios, Schiller scheint diese Gedichte für Schulzwecke geschrieben zu haben. Ich habe später nicht gehört, daß sie einer liest. Überhaupt die Klassiker, meine Herren, das große Gut, es ist schlimm, sinkt aus dem Volk oder berührt nicht das Volk und bleibt zuletzt wie ein Stein – in der Schule liegen. Tolles Kapitel, deutsche Bildung. Ich möchte nicht Klassiker sein. Sie lasen uns die Gedichte vor, Herr Professor. Dabei standen Sie vor dem Pult, einen Arm rückwärts aufgelegt, Ihre Kleider waren Ihnen zu weit. Sie waren ziemlich groß, schwungvoll dünn. Sie hielten immer den Kopf so zurückgebogen. Sie sprachen vom Wahren, Guten, Schönen. Wenn Sie es sagten, war es echt, die Worte tönten nicht bloß. Es war rührend, Sie zu sehen. Wenn Sie ein Gedicht vorlasen, glauben Sie mir, Herr Professor, dieses habe ich behalten, diese Haltung hat sich mir eingeprägt. Wenn ich an Schiller und den Idealismus von 1800 denke, denke ich an Professor Konrad, und dann – ist Schiller wahr. Schiller kann sich freuen, Herr Professor. Er hat es gut bei Ihnen gehabt. Wenn Sie ihn oben sehen, haben Sie keine Furcht, sprechen Sie mit ihm, erzählen Sie ihm, was Sie eben gehört haben.

(E. schweigt plötzlich, blickt auf das Pult. Er hat gesehen, wie ein Schein über Professor Konrad lief, als wenn der von Blut überströmt wäre. E. fährt fort:) Später einmal, in der Prima, sangen wir zusammen in einem großen Chor, draußen bei Kroll. Die Proben waren in der Steglitzer Straße. Es war Fausts Verdammnis von Berlioz. Das hat mich ungeheuer gefreut, Sie da zu sehen. Hat mir kolossal wohlgetan, wie Sie da mitsangen, zwei Reihen rechts vor mir, Sie, der Lehrer, und ich, der Schüler. Ich war gleich zehnmal williger, Ihnen alles zu glauben, was Sie sagten, und die Arbeiten bei Ihnen zu machen.

Einmal sah ich sogar zu meiner großen Freude, wie Sie sich bei dem Dirigenten entschuldigten, daß Sie das letztemal nicht da waren. Genau wie jeder andere machten Sie das und mußten das tun, freilich auf eine edle Art, wie Sie das so an sich hatten. Ich sah zu, ging rasch im Gedränge aus dem Saal. Ich freute mich. Ich war auch am nächsten Tage froh, und mein Wohlwollen verteilte sich auf die ganze Schule.

(Allgemeine Ruhe, Pause. Der Einlader blickt wieder auf:) Und was war Ihr Griechisch für ein Vergnügen, Herr Professor Buttler. Ich bin nicht mehr ganz sicher, Sie sind wohl schon bald nach meiner Schulzeit gestorben. Einmal fielen Sie oben auf dem Katheder hin, Sie waren ein alter kleiner Mann, sprachen so drollig aus einem Mundwinkel wie ein Pfeifenraucher. Ja, das weiß man noch lange, andres vergißt man. Es war Ihnen eigentlich jeder gut. Sie versuchten manchmal, streng zu sein, aber es gelang Ihnen nie. Ihre Herzlichkeit brach immer durch. Ihre Stunde war für uns immer eine Art Pause, man trieb Allotria, machte Arbeiten für andere Fächer, las mitgebrachte Bücher. Drollig, wenn wir auswendig Gelerntes, Homer oder Sophokles, hersagen mußten. Wir meldeten uns, es wurde rezitiert, natürlich mit Souffleur; stellten Sie sich daneben, dann ging es nicht weiter, Sie sagten unwillig: »Na, lassen Sie's sein.« Manche sagten drei- bis viermal dieselbe Partie her und ernteten von Ihnen Lob.

Buttler (lächelnd): Ich weiß. (Seine Nachbarn erstarren.) Nun kommen meine Schandtaten ans Licht.

E.: Herr Professor schämen sich nicht.

Buttler: Nein, gar nicht. Ich hab's mir im Himmel abgewöhnt.

E.: Ja, manchmal kam es uns auch vor, als wenn Sie etwas merkten. Wenn wir bei Ihnen mit Papierkügelchen warfen oder Ihnen Zettel hinten an den Rock hefteten, schimpften Sie, nahmen es aber nie tragisch. Sie hatten uns erkannt. Im April oder Mai kamen viele von der Pause nicht in Ihre Stunde, manchmal fehlte die Hälfte der Klasse. Sie fragten: »Wo sind die andern, bitt schön?« Einstimmige Antwort: »Frühlingsfeier, Herr Professor.« Dann schickten Sie welche herunter, die andern zu holen, die kamen auch sehr langsam und erzählten strahlend und unschuldig von der herrlichen Luft, von dem schönen Wetter. Und dann setzte man sich ruhig. Sehen Sie, Herr Professor, niemals hätte das in der Lehrerkonferenz verlauten dürfen, Sie hätten es auf keine Weise verteidigen können. Ich versichere Sie aber gegen Ihre gelehrte Konferenz: das waren wohlige und pädagogisch herrliche Momente. Auch wie Sie selbst einmal heruntergingen, uns holen wollten und – selbst unten blieben. Und dann sagten Sie: »Wir müssen aber anfangen«, und es ging leise die Treppen hinauf.

Buttler: Ich habe selbst den Mai geliebt, bitt schön, sogar auf dem kleinen Schulhof.

E.: Grau in grau malten die anderen Stunden, bei Ihnen tauchten wir in Farbe, Herz, Spaß, Welt, und daran konnte man selbst blühen. Sie erzählten, von sich, und was für ein Mann Ihr Lehrer Boeckh gewesen war. Das lief wie Milch ein.

Eine hämische Stimme: Andante con moto.

Eine andere: Was sagen Sie zu der Elegie? Erst gibt es Zucker, die Peitsche kommt noch.

Eine andere: Er macht den Vordersatz lang, aus Furcht, er bringt den Nachsatz nicht heraus.

Eine krähende Stimme: Was ist mit dem Ausspucken? Wie steht's mit der Sachlichkeit? Schützen Sie keine Gefühle vor.

E.: Den Nachsatz haben Sie schon gehört. Bureaukraten, Lehrbeamte wollten mich zum Rekruten, zu Ihrer Sache machen. Diese Sache zu sein, lehnte ich ab. Ich lehnte Ihren Götzendienst ab.

Schattmann: Das ist toll.

E.: Es war für mich Götzendienst. Sie waren seine Beauftragten, bezahlten Funktionäre, mehr nicht, ich hatte das durchschaut. Ich nicht allein. Da waren noch andere auf der Schule. Denen stand es nicht so auf der Stirn wie mir. Ich duckte mich oft, trieb Mimikry, aber man durchschaute mich. Ich war und blieb »Opposition«. Ohne daß ich etwas tat, zog es mir von rechts und links bei Ihnen Abneigung, ja Widerwillen und Haß zu. »Übler Patron, schlechtes Element« nannte mich öfter der Turnlehrer. Die Herren brauchten sich ja nicht zu beherrschen; ihnen hatte Gott den Mund und die üble Laune gegeben, uns die Ohren und die Parole: stillgestanden. Ich hatte, scheint es, etwas an mir, das Sie aufreizte. Sie merkten: ich und noch andere hatten nicht nur Ohren. Wider die göttliche Ordnung. Von Klasse zu Klasse wurde das durchgesagt. Es war wie ein Steckbrief.

Eine hämische Stimme: Man hätte Sie ausstoßen sollen.

92

E.: Sie hätten mehr auszustoßen gehabt, als Ihnen lieb war. Die Freischule hatten Sie mir schon in der Tertia oder Sekunda entzogen; ich war nicht würdig, ich war ein schlechter Schüler. Sie haben auch sonst wohlwollend an mir gehandelt. Auf mein Einjährigenzeugnis haben Sie mir eine schlimme Betragensnote gesetzt, die das ganze Zeugnis beinah wertlos gemacht hätte. Da saß ich auch einmal in der Sekunda, war bald zwanzig Jahr – um die Zeit ist man kein Kind mehr, ich drückte noch die Schulbank, ohne Ende, zweimal mußte ich zum Schluß sitzenbleiben, die Mathematik ließ mich nicht durch – da in der Sekunda las ich Schopenhauer, hatte ihn unter der Bank liegen. Plötzlich gab es Revision, man findet bei mir »Die Welt als Wille und Vorstellung«, der Herr Revisor sagt streng und verächtlich: »Sie sollten sich auch lieber mit anderen Sachen beschäftigen.« Aber ich tat es nicht. Ich schrieb schon damals allerhand, was man freilich nicht in der Mathematik lernt.

Bräuel lächelt geringschätzig.

E.: Sie meinen, es war nichts? Es war eine andere Denkkraft, von der Sie offenbar auch heute noch keinen Begriff haben. Um dieselbe Zeit saß ich einmal auf der Bank, flüsterte, gewiß zu Unrecht, mit dem Nachbarn. Da standen Sie, Herr Professor Rudner, vom Katheder auf, kamen ruhig den Gang entlang, zu mir: »Sie haben gesprochen?« und schlugen mir klatschend ins Gesicht. Und ich – die Wut ist noch heute in mir –, ich schlug nicht wieder. Das waren die Methoden der Sachlichkeit. Und zum Schluß, zum Abschluß, jetzt sollen Sie befriedigt werden, komme ich zum Ausspucken, meine Herren.

(Einlader kaut wieder, beißt an seiner Lippe, aber er ist nicht weich. Er blickt von unten herauf finster in den Raum. Der Lehrer bemächtigt sich eine Unruhe, sie drängen aus den Bänken, strömen aber merkwürdigerweise nach vorne zu.)

Schattmann: Heraus damit. Zum Teufel, sprechen Sie. Sagen Sie, was vorging.

E.: Ich habe kaltes Blut, Sie können von mir lernen. Es war Abitur. Natürlich kam ich auch in die mündliche Prüfung, da war nichts Besonderes dran, ich war kein guter Schüler. Der Schulrat kam, der »Königliche Kommissar«, ich weiß noch seinen Namen, wir waren alle festlich angezogen. Wir warten in einer Klasse. Aber die Prüfung beginnt nicht und beginnt nicht. Die

Vorkonferenz mit dem Schulrat dauert sehr lange. Dann läßt man uns hinein. Und sogleich werde ich vorgerufen. Die Lehrer saßen da an einem Tisch. In der Mitte des Tischs der Schulrat. Der war so gut und so schlecht wie die andern, die da saßen. Sie hatten ihn informiert über mich. Über meine Leistungen wäre er wohl hinweggekommen. Das hätte ihn nicht in Zorn gebracht. Er schwenkte über mich eine Fahne, die ich kannte. Es war schmachvoll, beispiellos, was ich mir anhören mußte. Ich wurde wie ein Strolch, wie der dümmste Junge angeschrien. Angepöbelt. Wegen meines Betragens. Daß ich nicht verdient hätte, zur Prüfung zugelassen zu werden. Der Ausdruck »sittliche Unreife« fiel ein paarmal. Das wagte mir der Mensch, der Schulrat, der mich nie gesehen hatte, zu sagen. Er wußte, dieser Knabe, ich muß stillhalten. Ich fragte mich immer, während ich dastand: was habe ich nur getan? Aber mir schlug noch einmal die Fremdheit, Abneigung entgegen, und ganz offen, die ich schon kannte. Er mußte seine Wut an mir auslassen, er mußte mich moralisch ohrfeigen, er auch, weil er hörte, daß ich nicht von seiner staatlich konzessionierten Art war. Ich hatte nicht nötig, mich zu überwinden. Ich zit-

terte physisch. Ich fürchtete, ich könnte durch-
fallen und müßte hier noch länger bleiben.
Dann – bestand ich. Beim Verlesen des Resultats
durch den Schulrat gab es für mich die strenge
Ermahnung und die Hoffnung, daß ich mich
draußen zusammennehmen werde und die Lehren der Schule beherzigen werde. Nein, ich habe
die Lehren der Schule nicht beherzigt. Nie habe
ich das getan. Ich bin 'runter gegangen, und
unten habe ich auf den Boden gespuckt. Jetzt
haben Sie meine Antwort. Noch heute gehe ich
im Bogen um die Schule herum. Noch heute
widert sie mich an, die Bastille.

Der Unaussprechliche: Gott sei Dank waren
nicht alle wie Sie.

E.: Wer ist das wieder?

Der Unaussprechliche: Das wissen Sie doch.
Spielen Sie kein Theater. Sie sind Schriftsteller,
das macht zwar verlogen, aber bei uns verfängt
es nicht.

E.: Kommt nur her. Drängt euch nur zusammen.

Der Unaussprechliche: Sehen Sie, wie er aus
dem Häuschen kommt, wenn er mich hört. Hier
verfangen seine Phrasen nicht. Der Schwadro-
neur. Der Aufhetzer. Lassen Sie mich nur vor. Er
soll mir nur ins Gesicht sehen.

E. (kommt vom Katheder): Die Zeit des Zitterns ist aus. Es gibt kein Stillschweigen mehr. Von uns beiden ist einer lebend, der andere ist tot.

Der Unaussprechliche: Der Tote sind Sie.

Andere (lachend): So ist es.

E. (brüllt): Ruhe im Glied, alle, ihr Schatten, bloße Gespenster, Luft, ich puste euch weg, Papierfetzen, Fliegenbeine, Dreck. Wenn ich euch nicht gerufen und beschworen hätte, wo wärt ihr. Ihr wißt schon, warum ihr schweigt, wenn ich euch frage: wo haltet ihr euch auf? Ihr haltet euch nirgends auf. Ihr seid nur vorhanden in mir und in den vielen, vielen anderen, die ihr belehrt, nein, gedrillt und gequält habt. Aus ihnen allen habe ich euch hergerufen. Weiß Gott, ihr habt euch nicht verändert, ihr habt eure Glieder beisammen. Und Sie, Unaussprechlicher, Sie waren mein Lehrer, Sie Tigerseele, Sie Untier. Stellen Sie andern sich nicht in eine Reihe mit dem. Weil Sie Schatten sind wie er, halten Sie nicht mit ihm zusammen. Ich nenne ihn nicht bei Namen, sein Gift soll durch keinen Namen zusammengehalten werden. Das System ruiniert seine Funktionäre. Das System erzeugt Bösewichte oder begünstigt sie. Wie es Soldatenschinder und Soldatenselbstmorde begünstigt hat. Hier ist der Bösewicht.

Der Unaussprechliche: Ja, ich. Und hier ist der Rebell.

E.: Der ich war. Aber das wäscht Sie nicht rein, Herr Professor.

Der Unaussprechliche: Sie brauchen mir nicht viel zu erzählen, das weiß ich alles selbst.

E.: Ich schmeckte Ihnen wohl gut, zum Frühstück oder morgens, wenn die Galle in Fluß geriet.

Der Unaussprechliche: Ja, auch dazu waren Sie geeignet.

E.: Sie wollen mich zum Rebellen stempeln. Aber ich bin nie einer gewesen. Ich bin nicht von Haus aus aufsässig. Ich habe mich immer nur in einer anderen Welt aufgehalten als Sie. Ich habe und hatte mein Pflichtgefühl, meine Strenge, meine Sachlichkeit. Sie nimmt es mit Ihrer auf. Ich habe gewußt, warum Sie meine scheinbare, nur gegen Sie gerichtete Schlaffheit und Apathie reizte. Sie rochen hinter Hölderlin, Schopenhauer, Nietzsche etwas Schlimmes, Gefährliches. Sie sagten »Empörung« und »Sittliche Unreife«, aber es war Ihr »Nein« zu meiner Welt.

Bräuel: Soll das eine Verteidigung sein? Das ist eine Begründung der Anklage.

E.: Nichts begründet das! Für diesen hier nichts, dessen Namen ich nicht nenne. Ihre Teufeleien, mein Herr, in der Sekunda habe ich fast gänzlich vergessen. Aus der Zeit habe ich nur noch Ihr Bild, die Statue, das Piedestal und den Mann darauf mit den stechenden Augen. Schließlich bin ich Ihnen doch entwischt, und ich kam aus Ihren Klauen. Dann sind Sie mir einmal nachgestiegen.

Der Unaussprechliche: In der Prima als Vertreter.

E.: Sehen Sie, wie Sie wissen.

Der Unaussprechliche: Ja, ich weiß. Einem Schuft, einem Aufsässigen nachzuspüren macht Freude.

E.: Mich, meine Herren, kennen Sie und halten mich nun für einen Feind von diesem. Aber ich habe erst in diesen Tagen einen anderen gesprochen, der mit mir zur Schule war, einen ruhigen Menschen, in angesehener Position. Wir sprachen von der Schulzeit. Und siehe da: er nannte, ohne daß ich daran tippte, den Namen dieses Unaussprechlichen! Er sagte: Wenn ich mich frage, ob es böse Menschen gibt, natürlich böse, grausame, so muß ich an diesen denken. Er ist mir unvergeßlich. – In der Prima, als einmal der Direktor erkrankte, ging es mir mit diesem so. Er, dessen Namen ich nicht nenne, weiß es, aber ich erzähle es doch. Er kam in die Klasse, setzte sich auf das Katheder, und zunächst verlief alles gut. Ich hatte das Pech, gerade vor ihm auf der ersten Bank zu sitzen. Während des Unterrichts saß ich ruhig, nur meine Hände bewegten sich spielend, ich spielte mit dem Bleistift. Ich war übrigens nicht nervös, sein Anblick machte mir gar nichts aus, denn wer war er? Ich hatte ihn hinter mir: die Vertretung. Aber er wußte es besser. Man kann auch eine Vertretung ausnutzen. Plötzlich hatte er es mit meinen Händen. Ich war zweiundzwanzig Jahre alt, was hatte er gegen meine Hände. Ich hielt sie also ruhig. Aber wie die Stunde weiterging, bewegten sie sich wieder, faßten nach dem Federhalter, legten ihn hin. Da sagte er plötzlich: »Ich habe Ihnen schon mal gesagt, Sie sollen Ihre Hände ruhig halten. Sie setzen sich hinten auf die letzte Bank.« Ich: »Meine Hände bewegen sich vielleicht etwas unruhig, ich habe das nicht absichtlich getan, deswegen setze ich mich noch nicht auf die letzte Bank.« Er: »Sie nehmen Ihre

Sachen und setzen sich nach hinten.« Ich: »Dies ist mein Platz, der ist mir vom Direktor angewiesen.«

(Der Einlader kaut und knirscht jetzt nicht. Er steht neben dem Katheder. Er ist ganz aus sich herausgekommen, sein Gesicht ist von Wut zerrissen, er hat den Arm gehoben.)

E.: Er ist aufgestanden und hat gesagt: »Sie haben zu gehorchen. Ich weise Ihnen jetzt diesen Platz an.«

Der Unaussprechliche: So ist es gewesen. Sie wollten offen gegen den Stachel löken. Aber bei mir drangen Sie nicht durch.

E.: Ich packte meine Sachen nicht. Ich blieb stehen. Ein merkwürdiges freies Gefühl war plötzlich in mir. Ich hatte kein ganz klares Bewußtsein, was hier vorging oder vorgehen sollte. Aber in solchen Momenten tut man Dinge, die sehr wahr, sehr prägnant, symbolisch sind. Da – läutete Pause. Er nahm seine Bücher, ging zur Tür, sagte: »Morgen sitzen Sie auf dem Platz, den ich Ihnen gegeben habe.« Ich antwortete nicht. Die Mitschüler sprachen in der Pause davon. Ich blieb dabei, ich setze mich nicht auf den Strafplatz. Wie kommt der Mann dazu, mich wegen unruhiger Finger auf einen Strafplatz zu setzen, ich bin Primaner, zweiundzwanzig Jahre. Es waren alle meiner Meinung.

Der Unaussprechliche: Das glaube ich. Glaube ich gern. Weil Sie aufwiegeln.

E.: Am nächsten Tag – unterlag ich. Er stand an der Tür, er ging nicht in die Klasse hinein, rief mich bei Namen: Sie sitzen ja noch nicht auf Ihrem Platz. – Das ist mein Platz. – Sie sollen Ihre Sachen nehmen und sich nach hinten setzen. – Ich werde mich beim Direktor beschweren. – Das können Sie. Jetzt setzen Sie sich auf den Platz. – Da war ich einen Augenblick still. Ich überdachte zwanzig Dinge auf einmal. Und war ganz ruhig. Ich will mir nicht mein Abiturium verderben. Es war wie beim Abitur selbst. Nur keinen Tag länger in der Bastille. Ich will keine Sekunde länger als nötig hier bleiben. Ich ducke mich. Für jetzt. Meine Stunde kommt schon. Ich nahm meine Mappe. Und setzte mich nach hinten. Wie ich mit meiner Mappe hinten stand, bevor ich mich setzte, haben Sie noch etwas von mir gehört. Ich glaube, Sie haben in Ihrer ganzen Schulzeit so Deutliches nicht gehört. Ich denke, Sie erinnern sich auch daran. Es war: Ich weiß schon aus der früheren Klasse, daß ich Ihnen zuwider bin, und das ist, allein das ist der Grund für meinen Strafplatz. Ich habe ja nur diese Stunde dagesessen, der Direktor erschien selbst, ich saß wieder auf meinem alten Platz. Der Direktor erörterte sofort den Vorfall, hörte den allgemeinen Ton der Mißbilligung, machte sich ein paar Notizen, und dann nichts mehr. Es scheint aber doch, dieses Erlebnis hat mir die »sittliche Unreife« beim Abiturium eingebracht.

Der Unaussprechliche: Ich hoffe.

E. (ringt mit sich, er setzt einen Fuß vom Katheder herunter): Das ist aber genug. Meine Herren Lehrer, hören Sie sich das an, Sie können doch das nicht billigen.

(Die Schatten dringen dichter gegen ihn an, sind ganz nahe. Man hört von ihnen nur einzelne unsichere Brocken: Sie haben sich nicht in die Schuldisziplin gefügt. Es ist ein Röcheln, Lechzen unter den Schatten. Schritt für Schritt kommen sie an. Der Einlader erkennt sie.)

E.: Wenn Sie mich als Feind haben wollen, dann bin ich's. Achtung! Vorsicht! Starkstrom!

(Der Einlader ist vom Katheder vor die erste Bank gesprungen, er hält gegen die Schatten seine bloßen Arme hin. Sie schnüffeln an ihm hoch. Sie haben sich verdünnt. Er tobt, schlägt um sich, dabei zischeln sie gieriger und fließen mehr auf ihn zu. Zuletzt steht der Einlader in einer dünnen losen Nebelwolke, aus der ein Rascheln kommt. Er selber raucht, lodert. Drei Schlangenleiber züngeln aus dem Rauch hervor, beißen um sich.

Plötzlich zerteilt sich der Rauch, glührot. Der Einlader steht in einem Feuer auf dem Katheder und lacht. Er hat die Brille in der Hand, und – er lacht und lacht!)

E. (lachend): Meine Pauker! Meine Pauker! Ich zank mich mit ihnen! Ich unterhalte mich mit ihnen. Sind mausetot, und ich unterhalt mich mit ihnen. Laß fahren dahin! Ewige Ruhe den Dahingeschiedenen! (Die Schatten, der Nebel hat sich an die beiden Fenster gedrängt. Die Scheiben platzen von der Glut. Die Lehrer sind im Nu draußen.)

E.: Raus! Die Rasselbande raus! Das Mottenpack. Guck an, ein Lehrerpult, das hohe Gericht, mein Klassenzimmer. Da hab ich gelernt. Wer lebt hier noch? Wer oder was? (Die Bänke schwälen, brennen, das Lehrerpult zuerst.) Wer lebt noch? War einst ein König in Thule, der fuhl jetzt von dem Stuhle. Freie Bahn dem Tüchtigen. Adieu, Herrschaften, ich verschwinde auch, wünsche allerseits gesegnete Mahlzeit. (Er geht durch die brennende Tür. Draußen ist stockfinstere Nacht, ganz still. Er geht im Feuersurren die Treppe herunter; unten im Treppenflur brennt er am Boden eine Stelle aus.) Wo einmal Spucke war, braucht nicht ewig Spucke zu sein. Auch Spucke ist sterblich. Das war, dieweil wir uns freuten, und jetzt sind selige Zeiten. Wir sind nicht für Briefe mit blauen Bändern drum und Locken. Weg mit Schaden, in den Müll. Wenn ich jetzt spucke, kommt es von einem Rachenkatarrh. Nun habt meinen Segen allesamt, verehrte Säulen, verehrte Treppen, verehrte Oberlehrer und Unterlehrer, ruhet in Frieden. Wir schreiben 1928, wir haben ein neues Parlament und noch immer kein Geld, das sind unsere Sorgen, unsere einzigen Sorgen. Lebt wohl, winke winke, das Chaos hat euch, das Chaos soll euch weiter haben, es ist sehr schön im Chaos. Somit ist der Brief adressiert, frankiert, zugeklebt, abgeschickt. Nu aber raus. Die kriegen mich hier noch wegen Sachbeschädigung. Mal rasch einen Einstreifer. –

XII

ES WIRD WASSER IN DIE LAUGE GEGOSSEN

Die Untersuchungskommission hat den oben Ge-
nannten und Beschriebenen nach diesem Tage
noch zweimal besucht und gesprochen. Einmal
am Morgen nach der unvermuteten Einschlie-
ßung. Da fanden wir ihn einsilbig, mürrisch. Wir
brachten das Gespräch natürlich nicht auf den
gestrigen Vorfall. Es war uns aber nicht uninter-
essant, zu bemerken, daß er, der am Tisch vor
sich hinstierte und den Kopf aufstützte, nicht
einmal nach dem Verbleib seiner Papiere fragte.
Wir sahen bei dieser Sachlage ab, ihn zu behel-
ligen oder durch Fragen gegen uns einzuneh-
men.

Grade eine Woche darauf traten wir vier wieder zusammen, um die Beobachtung fortzufüh-
ren. Wir luden ihn zu einem von uns, dem Dr. P.
ein, dem Zoologen, der ihm schrieb, er hätte einen ungewöhnlich guten französischen Kognak,
den man unter seiner Assistenz probieren wolle.
Da erschien er, wieder aufgeräumt, und die Unterhaltung verlief sonderbar und verquer, wie
manchmal Gespräche mit ihm. Es kam bur-
leskerweise im Beginn dazu, daß eigentlich er

die Untersuchungskommission untersuchte. Wir waren vier Mann hoch bei unserem Dr. P. angetreten. Er kannte uns nicht genauer, hatte sich jedoch ruhig unsern Messungen und Fragen unterworfen, fragte nicht einmal: warum, wozu, zeigte jetzt plötzlich ein etwas unangenehmes Interesse für uns. Unser Mitglied R. meinte, er wolle uns verkohlen und vielleicht so die ganzen vorher erhobenen Resultate unsicher machen. Uns andern schien, er war gut aufgelegt und auf seine Weise wohlwollend gegen uns und uns zugetan. Von diesem, wie gesagt etwas peinlichen Teil der Unterhaltung und der Ausfragung wollen wir nicht berichten. Er fing nun an zu pfeifen und sagte dann direkt: »Ihr habt mir meine Papiere gestohlen.« R. gab sie ihm sofort zurück. Wir hatten natürlich Abschrift genommen. »Sagt mal, was wollt ihr eigentlich damit?« Darauf meinte unser Dr. P. der Wahrheit gemäß, er sei Zoologe, und dann frech: ihn interessieren Zähmungserscheinungen, wie sie sich etwa bei dem Untersuchten auf der Schule gezeigt hätten, er prüfe jetzt auch nach, wie die Wandervögel, Zugvögel bei künstlicher Änderung der Temperatur, in magnetischen Kraftfeldern verschiedener Stärke sich verhielten. Diese Antwort hätte ein anderer natürlich sehr krumm genommen. Er aber freute sich, die Methode interessierte ihn, und er wollte nun wissen, was Dr. P. aus seinen Papieren ersehen hätte.

Da schoß er aber selbst dazwischen und kam unvermittelt auf die Zeitlupe zu sprechen. Der Untersuchte fragte uns einen nach dem andern nach der Zeitlupe. Unser Gast redete dann selbst: die Zeitlupe sei eine kluge, philosophische und sehr instruktive Sache, andererseits aber ein verlogenes Ding. Und von der Art der Zeitlupe seien alle Berichte, auch seiner. Sie ziehen Tatsachen beliebig zusammen oder strecken und dehnen sie, und dadurch kommt nicht bloß ein zeitlich verkürztes oder verlängertes Bild zustande, sondern ein falsches. Er argumentierte: »Nehmen Sie den Ozean. Gehen Sie an die Nordsee, wie sie stürmt, Wellen wirft, und schleppen Sie ein Dutzend Fässer an, füllen sie mit Wasser und tragen die Tonnen wieder an Land. Sie enthalten nun Meerwasser. Nun geht die Verkürzung weiter. Fahren Sie mit den Tonnen in ein chemisches Laboratorium und fangen Sie an, die Flüssigkeitsmenge einzudampfen oder im Vakuum einzuengen. Sie haben zuletzt eine kleine Schale mit einem gelbbräunlichen

Satz vor sich. Das ist dann – das Meer. Gießen Sie einige Tonnen destilliertes Wasser hinzu, so ist es chemisch genau dem Ausgangswasser. Ist nun aber das Schälchen mit der gelben Tunke das Meer? Fehlen zehntausend Dinge. Ich kann auf den Wind, die Wellen, auf den Sturm darüber, den Schaum, die Farben, den Tang, die Schnecken, die Fische drin, die Möwen und die Segler nicht verzichten.« Und darum hätten wir die Papiere von ihm ruhig liegen lassen sollen. An dem Bericht sei nicht viel. Als wir zweifelten, gab er nicht nach. Obwohl der Bericht wahr sei, gebe er ein vollkommen falsches Bild. Er sei falsch von A bis Z – obwohl er wahr sei. Es fehlten eben in dem Bild die zehn Jahre, das seien also zehnmal Frühling, zehnmal Sommer, Herbst und Winter, ferner zehnmal dreihundert Gänge zur Schule und zurück, zehn Jahre Heranwachsen, zehn Jahre häusliche Existenz. Mit anderen Worten: es sei Laboratoriumsextrakt, und wenn man die Tonnen Wasser hinzugösse, sei es noch immer nicht das Meer. Was da geschrieben stünde, sei eingekochte Lauge.

Unser Dr. P. meinte unvorsichtig, es sei wirklich scharfe Lauge. Das war sehr unvorsichtig. Wir haben sofort versucht, unserm Mitglied Winke zu geben. Aber unser Gast war schon zusammengezuckt. Er fragte kurz: »Sie finden?«, kaute an seinem linken Zeigefinger. Er versank offenbar augenblicklich in Gedankengänge seines Berichts. Die Erregung, die sein Bericht atmet, war momentan auf seinen stark spielenden Gesichtsmuskeln. Er schob sein Kognakglas beiseite, schluckte langsam an einem Glas Fachinger. Aber Dr. P. war gar nicht zur Räson zu bringen. Grade dieses auffällige Gebaren interessierte ihn, und er schoß weiter. Dieses unser Mitglied ist ein gefährlicher Begleiter bei solchen Expeditionen, ihm steckt das Aufspießen von Schmetterlingen zu stark im Blut, wir können ihn zu diffizilen Sachen nicht brauchen. Er ließ nicht los: Sie sind doch schon über fünfundzwanzig Jahre hinter der Schulzeit, sie arbeiten, üben Praxis, der Krieg ist dagewesen, Sie haben eine Familie, Gott weiß, was Sie alles schon erlebt haben. Haben Sie das nicht abreagiert?

Der Untersuchte: Nichts über schöne Worte! Abreagieren. Ich habe mir das Ding anreagiert, dann reagiere ich es ab. Ich habe Gift im Magen, dann nimmt man eine Sonde und wäscht mir den Magen aus. Eine niedliche Vorstellung. Eignet sich für höhere Töchterschulen. Es könnte doch sein, daß eine Verätzung Narben hinterläßt. Waschen Sie die auch aus? Meinen Sie mit Abreagieren vergessen? Oder sich nichts mehr draus machen? – Nein, gewiß nicht. Ich meine nur Ihre Erregtheit. Sie sind noch oder scheinen noch so sehr darin. Es ist alles, was Sie da sagen oder schreiben, so um ein finsteres leidendes Gefühl herumgesponnen. Man weiß nicht recht, wo Sie da eintauchen. Vielleicht ist es gar nicht die Schule, was Sie da eigentlich meinen, wovon Sie reden. – Was soll es denn sein? – Ich weiß nicht. Aber mir fiel auch Ihre Geschichte aus der Sexta auf, die mit dem Schlüssel. Ist das nicht ein bißchen sonderbar, finden Sie nicht selbst? So gar nicht sprechen zu können? Was verschweigen Sie eigentlich? –

An dieser Stelle hat sich das Gesicht des Untersuchten völlig entspannt. Er setzte das Glas Wasser, das er noch hielt, ab und hob seinen Arm mit einer feierlichen Geste, wobei er sehr fremd lächelte: Ich bin Ihnen sehr dankbar, mein Herr, daß Sie so sprechen. Die Dinge kommen jetzt auf das richtige Gleis. Ja. Ich habe die Gabe des Dichters – zu schweigen! Von Haus aus. Sie werden selten von mir das Wort »Dichter« hören, jetzt zwingen Sie mich es auszuspre-

111

chen. Allem Singen geht ein Schweigen voraus. In mir schwieg es eben lange, furchtbar lange. Was ich sprach, war alles schief und falsch. Verzerrt. Es war nicht ich.

In der Schule aber wurde ich langsam ich. Menschen meiner Art ist es nicht gegeben, in gewöhnlicher Weise freundlich und nett zu sein. Wir werden das erst später, auf Umwegen. Ich konnte nicht sprechen, weil ich das leichte oberflächliche Tun und die dünne Sprache nicht annahm. Ich kannte schon eine andere, mit einer anderen Syntax und Grammatik. Und wie bin ich dann später an die Objekte herangewachsen, nein, aus ihnen herausgewachsen. Die Namen, die andere den Dingen gaben, habe ich abgelehnt; ich stand schon in einem andern, natürlichen Duzverhältnis zu den Dingen. Versuchen Sie dann zu plaudern. Ich habe es später gelernt, und wissen Sie wie? Als mir aufging, daß diese leichte Sprache und diese Interessen enger und weiter doch zusammenhingen mit dem großen Ding, in dem ich mich tief und blind verwurzelt fand und das aus mir schwieg. So habe ich die Menschensprache von hinten herum gelernt. Und nun wissen Sie, warum ich schwieg und was das ist, dieses Schweigen. Aber: wer singen

Alfred Döblin, um 1922

Atelier Binder, Berlin

Alfred Döblin, um 1922

will, muß die Schläge in Kauf nehmen, die ihm das Schweigen und das falsche Sprechen eintragen, Herr Zoologe. Ich habe das übrigens immer gewußt. In mancher Hinsicht ist mein Schulerlebnis Allgemeinerlebnis, in mancher bleibt es mein persönliches. Ich habe in der zweiten Potenz zahlen müssen.

Der Untersuchte nippte an seinem Glas Wasser: Ich habe die ganzen langen Jahre nicht an diese Dinge gedacht, und wenn ich zuletzt heftig davon sprach, so meinen Sie – und wenn ich auch widerspreche –, da haben wir einen Komplex bei dem Kerl, das ist ein Stück seiner Analyse. Naja. Schön. Meinetwegen. Für mich steht es so, und da ich vermutlich gegen Ihre Theorie doch nichts kann, so möchte ich um die Gnade bitten, eine Beobachtung mitteilen zu dürfen. Das liegt auch im Interesse von ähnlichen Typen, denen, die Ihnen sonst noch begegnen werden, und es wird vielleicht Ihre Auffassung von Kunst klären helfen. Geärgert habe ich mich bei den Erinnerungen als Mensch, den man mißhandelt. Damit komme ich schon ganz gut aus. Bewußte Erinnerung mit unverwüstlichem Ärger über einen Vorfall: das ist etwas Natürliches, etwas Gesundes und auch Nützliches.

Aber ich muß Ihnen doch noch genauer die »Kraft des Schweigens« vorstellen, von der ich sprach und die eigentlich die Mißhandlung provoziert hat und sie auch überwunden hat. Ich erinnere mich aus meiner ganz frühen Kindheit, daß ich oft nicht zum Spielen gegangen bin, sondern friedlich zu Hause herumgesessen habe. Mit acht, neun Jahren las ich schon lieber als ich Kreisel spielte, und ich war dabei gar nicht verdrossen oder zurückgestoßen. Beachten Sie das letztere! Mir war es auf meine Art bequemer und durchaus wohl in mir. Ohne greifbare Gedanken zu haben, war ich schon als Kleines in mir beschäftigt, von etwas unterhalten, das wohlig und ruhig in einer Art Halbdunkel agierte. Da liegen ja für Sie die Schablonen bereit von den Erinnerungen an die Mutterbrust, der mütterliche Uterus, das Plantschen in Wonne und Fruchtwasser. O selig, o selig ein Embryo zu sein. Sollen Sie alles haben, was Ihnen Spaß macht. Ich will nur meinen auch haben. Woher kommt zum Beispiel das, daß der eine diese alten seligen Erinnerungen festhält, der andere wieder Kreisel spielt? Das muß schon an dem einen oder dem anderen liegen. Mir kommt vor, und ich habe die Beobachtung gemacht, die Menschen werden verschieden geboren und wachsen auch verschieden auf. Sogar im selben Milieu. Der eine wird größer, der andere kleiner, man kann es direkt messen. Der eine fällt mehr nach dem Vater aus, der andere mehr nach der Mutter und der dritte gar nach dem Großvater. Ich habe sogar gehört, es gibt eine Erblichkeitslehre. Das klingt alles peinlich banal, aber man soll sich sogar als Gelehrter nicht davor fürchten.

Man kann nun einen Regenschirm im Regen auf doppelte Art tragen: einmal richtig am Griff und einmal falsch an der Spitze. Wenn man ihn falsch auf der Spitze trägt, wird man eine Zeitlang auch nicht naß, nachher schon, wenn er überläuft. Daher empfiehlt es sich, einen Schirm am Griff zu tragen, was in allen besseren Schirmgeschäften beim Einkauf gleich gesagt wird. Das zu den Theorien. Also ich – trage den Schirm gleich am Griff. Und da sage ich aus eigener Beobachtung, ohne übrigens die Mutterbrust von mir zu stoßen: es gibt das Faktum einer natürlichen Anlage. Und das Erlebnis einer solchen Anlage. Welche Anlage etwas ist wie ein Auge, ein Finger oder die Milz, also etwas Kompaktes, Solides, das eine Funktion hat. Solch Ding erfüllt mit Vergnügen, mit Lust, mit Genugtuung, mit Sättigung. Es zeigt drolligerweise schon lange vor den »Leistungen« sein Dasein durch solche Gefühle an. Man ist unter Umständen lange Jahre ein Raffael auch ohne Arme, ohne Bilder. Solches Gefühl, solche Sättigung, die wie eine Luftblase in mir war, hatte ich schon sehr, sehr früh. Ich habe darum keine rechte Neigung gehabt, Kreisel zu spielen. Vielleicht habe ich auch nicht spielen können, aber das hat mich nicht geärgert oder enttäuscht. Es hat mich eigentlich nur legitimiert. Ich habe nicht recht gewollt, und weil ich nicht wollte, lief der Kreisel natürlich auch nicht. Gut, also wollen Sie festhalten: eine Anlage, eine Kraft war da. Keine Minderwertigkeit, lächerlich, und keine Überwindung einer Minderwertigkeit, eher Hochmut, aber auch das nicht. Nun, lassen wir das. –

Der Zwischenfall war beendet. Es gab auch keine Störung, als später unser Störenfried, Dr. P., der aus Baden ist, einwarf, bei ihm in Süddeutschland hätten eigentlich in der Schule mehr die Lehrer von den Jungen zu leiden als umgekehrt. Da winkte der Untersuchte momentan ab: Man solle ihm nicht mit Süddeutschland kommen und Süddeutschland gegen sein Norddeutschland ausspielen. Er habe nicht viel für die

süddeutsche Behäbigkeit und sogenannte Freiheit. Er sei Preuße. Und er lachte: Er schütze
seine Schule noch immer gegen Süddeutschland! In seinem Bericht fehle als Wasser, wie
gesagt, allerhand. Also außer den viermal zehn
Jahreszeiten zum Beispiel auch Freundschaf-
ten, Kameradschaften mit dem und jenem, die
Begeisterung für Wagner und für Hugo Wolf
in den oberen Klassen und dann das Hinfinden
zu Haydn und Mozart. Dann die Bekanntschaft
mit Dostojewski, der ›Raskolnikow‹. In der Tertia die Begegnung mit Heinrich von Kleist, der
›Prinz von Homburg‹, besonders aber das Frag-
ment des ›Guiskard‹ und die ›Penthesilea‹. Lange Monate eingesponnen in die Lektüre von
Schopenhauer, die Gedichte von Hölderlin jahrelang in der Brusttasche. In der Prima oder
schon vorher die Begegnung mit Nietzsche: die
›Genealogie der Moral‹, die ich mit Zittern und
atemlos las. Den ›Zarathustra‹ mochte ich nicht
so, er schien mir aufgeblasen, künstliche Pro-
phetie und dazu ein unreines Genre, Mischung
von Kunst und Philosophie, übrigens Pseudo-
kunst, von ein paar echten Stellen abgesehen. Es
ist philosophische Wagnerei. –

XIII

DAS LEBEN JACKS,
DES BAUCHAUFSCHLITZERS

Nachdem nun Jack der Bauchaufschlitzer so vor-
gegangen war, in der Dachkammer, die er sich
für einen Schilling gemietet hatte, und nachdem
er sich durch die Erledigung seines Opfers noch
in den Besitz von drei Schilling und einem Samt-
gürtel gesetzt hatte, holte er einen schon vor-
bereiteten Sack unter dem Bett hervor, steckte
sein Opfer hinein, welches Angela Kalb hieß,
und trug es stückweise die Treppe hinunter. Es
begegneten ihm Hausbewohner mit Wachs-
streichhölzern auf diesem Weg und sagten:
Guten Abend, Jack, wohin so spät. Er antwortete: Ich habe noch allerhand zu erledigen. Was
sie mit Schauer erfüllte, denn sie wußten, wer er
war und daß er in dem Sack wieder ein Mädchen
ganz oder teilweise trug. Aber obwohl sie das
wußten und überhaupt keine guten Gerüchte
über seinen Ruf beziehungsweise kein guter Ruf
über seine Gerüchte umging, wagten sie nicht zu
fragen, wer es diesmal war und was er gerade von
ihr heruntertrug. Denn sie dachten: Jeder kehre
vor seiner Tür, und wer zuletzt lacht, lacht am

besten. Damit grüßten sie denn Jack den Bauch-aufschlitzer und wünschten ihm gute Nacht und gute Verrichtung, ihm und seinen Kindern und Kindeskindern. Jeder bat ihn nur, unten die Haustür zuzuschließen, denn es sei unsicher in dieser Gegend, und man könne nie wissen, was passiert. Das versprach er auch und beeilte sich, denn er hatte selber Furcht, und niemals ist ihm freilich etwas passiert, auch nicht, daß seine Opfer, die er eine Viertelstunde entfernt unter einem Weidenbusch deponierte, dort wieder zu Bewußtsein kamen. Er stellte dies bei seinen un-zähligen Taten stets mit neuer Genugtuung fest. Selbst Ehepaare, die er gelegentlich zusammen erledigte und bei deren Abtransport er aus unbekannten Gründen besonders wieder ein Wiederaufleben befürchtete, blieben unter dem Weidenbusch leblos und sprachlos und mach-ten ihm weiter keine Umstände. Jack war noch ein junger Mann, der viel lachen konnte; Gott, konnte der lachen.

Aber sie haben ihm einmal, als er nach geta-ner Tat in einer Kneipe nebenan Gulasch mit Gurken und vorher eine Ochsenschwanzsuppe für sechzig Pfennig aß, den Sack mit Inhalt ge-stohlen, den er neben seinen Stuhl gelegt hatte.

Es war damals sehr kalt, und er wollte sich erst
vor dem ungemütlichen Weg nach dem Weidenbusch stärken. Da machte er nun einen Höllen-
krach über die Gäste hier, das arbeitsscheue
Diebesgesindel, der Wirt verbat sich das, ein
englischer Schutzmann kam herein und machte
ihnen unter Vorzeigung seines Knüppels allesamt Vorwürfe. Den Sack aber fand Jack richtig
am Tage darauf mit Inhalt in der Kneipe wieder, wie er erwartet hatte, und einen frechen
Zettel dabei, der ihn empörte: Schlepp doch
deine dreckigen Weiber nicht in eine anständige
Kneipe, du. Mach das zu Hause ab, Schweine-
hund. K. R. Beim Ausschütten unter dem Weidenbusch sah Jack dann noch große Knochen
neben den Teilen seines Opfers; der Schuft hatte
Rinder- oder Pferdeknochen zugelegt. Ich will
nur sagen, dies war eine Wendung im Leben
Jacks des Bauchaufschlitzers. Man hat ihn be-
kanntlich nie entdeckt, und die Person, die man
für ihn aufhängte und so völlig erwerbsunfähig
machte, war er nicht. Er war beleidigt von den
Schikanen, denen man ihn jetzt aussetzte. Man
zog ihn rechts und links wegen seiner Liebhabe-
reien auf. Er konnte sicher sein, wenn er in aller
Heimlichkeit eine Freundin erledigte, daß er

gleich am selben Abend einen Trauerkranz unter dem Weidenbusch fand oder eine Laterne und einmal sogar einen Zaun um den Busch herum mit dem Schild: »Wegen Überfüllung geschlossen.« Fassen konnte er keinen, aber überall lächelte man. Sogar die Hausbewohner benahmen sich schlecht gegen ihn. Wohin sollte er sich wenden. Er war drauf und dran, vor Ärger sich selbst die Gurgel abzuschneiden. Er ist aber bloß umgezogen und hat in einer andern Gegend einen Handel mit Einpackpapier für Konditorwaren und Tortendeckel begonnen. So ist er anständig im gewöhnlichen Sinne geworden, aber Freude hatte er nicht daran, nein, niemals. Er brauchte nur Sonntags in seine alte Gegend zu fahren, um die Mißachtung zu sehen, die man ihm wegen seiner Neigungen entgegenbrachte. Menschengunst ist wetterwendisch. Das erlebte er in voller Schärfe. Er hat geheiratet, um darüber wegzukommen. Der Frau hat er gern, liebend gern geschworen, die Zicken von früher zu lassen. Er wollte es wirklich, denn er konnte schon nicht mehr mit Messer und Gabel essen, nur mit Löffel, so war ihm alles auf die Nerven geschlagen. Aber richtig runtergeschluckt hat er die Beleidigungen doch nicht. Er hatte eben, wie man so sagt, mit der Harke eins aufs Hauptgebäude gekriegt.

Um zum Schluß zu kommen: Die Frau übernahm den Mann, der schon von Suppenresten mager geworden war, mit hundertzwanzig Pfund. Nach einem halben Jahr hatte er seine hundertfünfzig Pfund überschritten. Sie hat ihn bis auf hundertneunzig gebracht, nicht nur weil sie ihm alles vorschnitt, sondern weil er auch sukzessive ganz faul wurde. Sie übernahm seinen Handel mit Tortendeckeln und Einpackpapier, und nach ein paar Jahren hatte sie eine kleine Konditorei mit einem Stammpublikum von Liebesleuten. Jack setzte sie an die Kasse. Er hat der Frau seinen Eid gehalten, und sie hat es ihm Zeit ihres Lebens gedankt. Er war manchmal besorgt, wenn er sich so dick und immer dicker an der Kasse vorfand, sie würde ihn eines Tages erledigen und einen dünneren für ihn hinsetzen. Denn die Konditorei war klein und der Raum beengt, und neue Läden waren in London schwer zu haben oder nur für teures Geld, und woher damit. Mit trüben Ahnungen betrachtete er die Dünnen, die in seinen Laden kamen; bei jedem fragte er sich: Dein »Nachfolger«? Aber sie sagte, als sie seine

Gedanken erriet: Wie soll ich dich denn nachher wegschleppen, Jack, du denkst auch an gar nichts, wo ich doch nur leichte Arbeit machen kann, schon wegen meinem Bruch. Das leuchtete Jack ein, und er war wieder beruhigt. Redlich und nach bestem Vermögen hat sie ihm seinen alten Kummer tragen helfen. Sie umarmte ihn oft, wenn die Liebesleute hinten beschäftigt waren: Hättst du mich doch früher kennengelernt, Jack. Dann hättst du auf die ganze bucklige Verwandtschaft da geprostet. Er seufzte: Das wollen wir nicht so schroff hinstellen, Miß Cilly. Dann hätte ich dich auch zerkleinert, und was gekommen wäre, wäre doch gekommen. – Ein enttäuschter, beleidigter Mann ist unser guter Jack bis zuletzt geblieben, der auch nie wählen ging. Er liebte es, von der Kasse herunter die Mädchen seiner Kundschaft zu beraten, beriet sie sehr pessimistisch in ihren Verhältnisangelegenheiten, und es zeigte sich stets, daß er recht hatte. Wenigstens von da wurde ihm groschenweise Achtung zuteil, die er so notwendig brauchte für sein Innenleben. Er hat sich aber mit keinem Mädchen eingelassen, obwohl manche neugierig war, wie Liebe bei solchem Körperumfang ausfällt. Er blieb der Cilly treu. Denn an die war er gewöhnt, und die wußte auch mit seiner Diät Bescheid. – –

– Ich bitte um Entschuldigung, wenn die Geschichte so lang geworden ist. Ich wollte eigentlich nur von einem Sack erzählen, den ich aufgemacht habe, mit alten verstaubten Sachen drin, Schule von 1890 bis 1900 und so weiter, und da ist mir der Jack eingefallen, und die Geschichte ist mit mir durchgegangen. Entschuldigen Sie vielmals, bitte, ich fange nochmal an und nehme mich zusammen. Also:

Ich habe einen Sack aufgemacht und gezeigt, was drin ist. Ich schleppe viele solche Säcke auf meinem Rücken. Soll ich alle aufmachen, einen nach dem andern, Lumpen zu verkaufen, alte Stiefel, alte Kleider, Flaschen, Papier? Schornsteinfeger! Heute wird gefegt! Klappen schließen! Das ist besser, Klappen schließen. Wenn ich den einen Sack öffne, kommen viele Männer heraus, bekannte und unbekannte, lebende und tote. Wenn ich einen andern öffne, kommen die kleinen Mädchen raus. Es kommen viele Gespräche heraus, die ich geführt habe und die mit mir geführt wurden, auch viele Gespräche, die ich weder führte noch die mit mir geführt wurden. Ein Sack enthält Leistungen, ein Sack ungetane Taten. Ein Sack ist voller Überflüssigkeiten und Vergeudungen. Alle aufmachen? Warum? Wozu? Ich will es tun, wenn ich Lust habe zu träumen und mit ihnen auf meine Art spiele.

Jetzt – liege ich auf einem frühlingsmäßig grünen Hügel, der ganze Plunder ist um mich, ich atme und lebe. Es gibt eine Insel, ich glaube in der Südsee. Da erscheint zu einer genau berechenbaren Stunde des Abends an einem bestimmten Tage im Meer ein Wurm in ungeheuren Massen. Die Eingeborenen kennen die Stunde. Der Wurm ist eßbar. Sie fahren in ganzen Flottillen heraus und fangen die Tiere. Woher die Tiere kommen, wie die Genauigkeiten des Auftauchens, diese Empfindlichkeit zu verstehen ist, weiß man nicht sicher. So erscheint mir das Leben. So sind meine Gedanken. Ob sie eßbar sind, weiß ich nicht. Aber sie sollen ruhig und neu zu ihrer Stunde aus dem Meer auftauchen, sie sollen immer von neuem kommen, Gedanken und Handlungen. Sie werden an mir keinen Detektiv finden – schon darum nicht, weil ich klug genug bin, um zu wissen, daß man doch nur fünf Meter weit sehen kann. Und das Wahrste weiß man auch ohne Bewegung; ich kann also ruhig hier auf dem Hügel auf dem Rücken liegen bleiben. Ich wachse, auch als Mensch, auch mit dem Geist, mit meinem Willen, nicht anders wie ein Baum. Ich möchte mit Äpfeln vollhängen. Vögel sollen auf mir nisten. Im Winter will ich im Schnee stehen, die Engerlinge zwischen meinen Wurzeln.

Und dies alles, obwohl ich nicht anders bin als du und du und du, du ein Bureauangestellter, du die Aufsicht in einem Warenhaus, du ein Schauspieler (ich kann keinen »Arbeiter« nennen, für den bin ich ein Bourgeois), ich ein kleiner Doktor in Berlin O, der an Schlaflosigkeit leidet und dem auch nichts geschenkt wird. – Und nun adje, Kinderchen, adje Sie. Ich werde mich sachte auf die Strümpfe machen. Grüßen Sie mir Ihre Waschfrau. Und beißen Sie mich nicht, wenn ich Sie mal geärgert habe. War nicht so schlimm gemeint. Geht alles vorüber. Sehen Sie, ich geh auch vorüber. –

OSKAR LOERKE

Das bisherige Werk Alfred Döblins

Alfred Döblin
Dieses Photo wurde für die Photomontage des
Umschlags der Erstausgabe von 1928 verwendet.

Für Herrn und Frau Fischer

– mit schönen Grüßen –

Alfred Döblin

22. XI. 29

Widmung für seinen Verleger

I

ZUGÄNGE ZU DÖBLINS WERK

In Alfred Döblins Buche ›Das Ich über der Natur‹ lesen wir:

»Die Quelle meiner Kräfte und meines Lebens ist kein mystischer Gott, den ich mit den
sogenannten Frommen anbeten möchte.

Die Quelle meiner Kräfte und meines Lebens
ist auch keine ewig Leid bereitende Masse von
Begierden, die ich mit Buddha fliehen müßte.

Wenn ich einen Tempel bauen würde, würde
ich ein großes, ruhiges Wasserbecken, ein Bas-
sin, in seinen Hof als Mittelpunkt setzen. Dabei
würde ich unbehauene Steine lose hinlegen. Jeder dürfte sie berühren, das Gesicht daran legen. Sie wären heilig. Die Vertreter der großen
Geister, von denen auch wir sind.«

Manch junger Adept Döblins, der etwa sein Gigantenbuch oder seinen Wallenstein eben durch-
stürmt hat, mag vor solchen Worten erstaunt
auffahren: Wie, ein Tempel des Friedens? des
Schweigens? – Sollte dieser Dichter nicht vielmehr ein vulkanisches Gefild als Gleichnis sei-

ner selbst malen, wo Krater neben Krater, viele, Hunderte, sich in krachenden Ausbrüchen empören, Magma, Gestein, zermalmte Lebewesen empor und um sich schleudern, Lohe in die Wolken werfen? Und müßte die heroische Landschaft nicht von dem Galopp der Apokalyptischen Reiter gespenstisch durchtobt und durchdröhnt sein?

Döblins Eigentliches in einer solchen Vision erfassen zu wollen, wäre irrig. Sein Gebiet reicht vom schweigenden Stein bis zum brennenden donnernden Berg, vom kleinen hangenden Wassertropfen zum gischtenden, unermeßlichen, überschwemmenden Ozean. Tropfen und Meer, Steinkristalle und Gebirge sind gleichen Wesens, und die Straße von der einfachen, stillen Erscheinungsform der Natur bis zu ihren riesenhaftesten Ballungen und Revolutionen ist besät von Wesen gleicher Artung, anorganischen, organischen. Sie besitzen ihr Dasein und ihre Wirklichkeit nicht durch ihr physikalisches und chemisches Verhalten, nicht durch ihre Kraftäußerungen im Zirkel der räumlich-zeitlichen Kausalität, sondern durch ihre *Beseelung*, die sie zu Trägern des Ursinns, des Urgeistes, des Ur-Ichs macht.

Döblin leugnet, daß es in der ganzen Welt irgend etwas Seelenloses, Ichloses, Totes gäbe. Er sieht den Weltgeist nicht in Qualm und Rauch der Verzückungen und Weissagungen, aber er sieht ruhig und freundschaftlich seine sehr bestimmten Gestaltungen, und mit keinem Mittel methodischer Forschung oder dichterischer Versenkung vermag er zu einem *Stoffe* durchzudringen. Beim zerschnittenen, entformten Tierkörper findet er unter dem Fell den geformten Muskel. Zerstört er den Muskel, so stößt er auf unzerstörte Muskelfaser. Zerreibt er diese, so bleiben die Zellen und Zwischengewebe als unversehrte Gefäße des ordnenden, planenden, anonymen Ur-Ichs zurück, und weiter: »Man bringe die Zellen zum Zerfallen durch Säure, Alkalien oder Erhitzen, und man wird Eiweiß haben. Man spalte chemisch das Eiweiß, und die Aminosäuren, Phosphatide, Zucker werden auftreten. Dann zerlege man chemisch weiter diese sehr komplizierten Verbindungen, und man wird zuletzt auf die Elemente stoßen, auf Stickstoff, Kohlenstoff, Wasserstoff, Phosphor usw.« Man möge den Abbau weiter fortsetzen, theoretisch, in den Vorstellungen der Phantasie, bis zum äußersten – man gelangt zu keinem ungeform-

131

ten Material. »Es ist kein Stoff da. Es sind in der Welt nur sehr charaktervolle Gebilde zu finden, die die Zeichen eines ihnen eigentümlichen und ganzen Lebens tragen.«

Döblins Werk von der anonymen Urmacht schließt sein Gesamtwerk auf. Die darin niedergelegten Erkenntnisse und Bekenntnisse sind auf die Dichtungen nur anzuwenden.

Döblin bleibt im Betrachtbaren, und wie er in seiner philosophischen Schrift einfache Dinge ansieht und mit ergreifend klarer Nüchternheit schildert, vor ihrem Wunder erstaunend – eine Flamme, die Wärme, die Kälte, das Licht, die Strahlung, die Elektrizität, das Flüssige, das Gasförmige –, und wie er, entgegen der nur sammelnden und speichernden Wissenschaft, die ganze Natur vor sich stellt und jedes Einfache noch im Kompliziertesten bestätigt findet, genau so sind ihm auch in seinen Dichtungen das Wirkliche und das Wahre identisch.

Diese Dichtungen suchen die Welt, keine Hinterwelt, keine Überwelt. Fern liegt Döblin der Pantheismus, der, wie der Fuß durch die Eisdecke, immerfort aus dem Vorhandenen in das Nichts durchbricht. Er liebt die Härte und Besonderheit des Wirklichen, er sucht sich nicht

132

daran vorbeizudrücken und taumelig einer Gottheit entgegenzutappen, die nur ein subjektives Sentiment wäre und die Mannigfaltigkeit des Daseienden nicht duldete. Was ihn umringt, bedarf nicht einer Umkehr und Heimkehr in einen zeugenden Schoß, es ist schon zu Hause. Es wird nicht fortgejagt in einen hinter ihm liegenden Sinn. Es wird nicht mit degradierender Überhebung angesehen, als habe es nötig, vom Betrachter her seine Weisheit zu empfangen. Wir haben den Dingen nicht Göttlichkeit einzuimpfen wie einen Verdacht, wir haben den Körpern einen Sinn nicht erst auszuwaschen, auszuringen, auszulaugen, auszugerben. Betrachten, sehen, hören, verstehen wir, so sollen wir nicht Ahnungen darüber hinaus als Gegenwart ausgeben und dies Dichtung nennen. Leere Räume sind mit Wortjuwelen nicht zu besetzen und auszufüllen.

Auf »natürliche« Weise besitzt Döblin die Fülle und Herrlichkeit der Welt, obwohl er selten und nicht weit von seiner norddeutschen Heimat fortgewesen ist. Er war nicht in China und Indien, aber er kennt das Wasser, das Feuer, das Blut, die auch dort zu Hause sind wie überall auf der Erde. Er hat Bäume und Blumen wachsen sehen, hier in Berlin, so weiß er, wie Bäume und

Blumen am Gelben Fluß wachsen. Er hat Steine in der Hand gehabt, hier, aus Steinen baut sich auch der Himalaya auf. Er atmet Luft, wie Luft zu atmen auch das Gesetz des Kaisers Khienlung war. Er hat leuchtendes Gas brennen sehen, also sah er die Fixsterne aus der Nähe. Er erfuhr das Wesentliche als ein Vertrautes und Fremdes, er konnte es nirgends anders erfahren. Tiere und Menschen hat er jeden Tag betrachtet; wichen sie irgendwo in Aussehen oder Temperament von der eigenen Beobachtung ab, so beruhte die Erkenntnis der Abweichungen ja auf der Erkenntnis des Gewohnten. Die Formen haben das Gemeinsame der Form, und Form drang ihm täglich und stündlich in unerschöpflichem Zustrom entgegen. – Überraschende Farbigkeit der Fremde? – Auch daheim überraschen ihn die Farben. – Hitzetemperaturen? Temperaturen des Eises? – Er erlebte eine ganze Skala an seinem Leibe, die brauchte er nur hinauf und hinab zu verlängern. – Regen, Schnee, Ströme? Ob sie heute auf seinen Scheitel fielen, an seinem Fuße rauschten oder tausend Meilen und viele Jahrhunderte entfernt, was änderte das an ihrem Wesen, was konnte ihre Nähe in Ferne verwandeln? Da es ihm selbstverständlich war,

auf das Besondere in der Natur hier aufzumer-
ken, wie sollte er anderwärts auf dieses Besondere verzichten können? Und wenn all das
Besondere Natur war, aus der Natur nicht hin-
ausfallen konnte, so gab es kein Besonderes
mehr.

So haben wir, bevor wir uns die Hauptwerke
Döblins vergegenwärtigen, uns ihrem gemeinsamen Ort, ihren gemeinsamen Existenzbedin-
gungen genähert. Wir verstehen, warum wir das
Europa im Wallenstein nicht nur als Europa
empfinden konnten, sondern zugleich als ein
Stück der Erde, warum es uns mit dem Osten im
Wang-lun und im Manas ebenso ging, warum
uns Grönland und Afrika im Gigantenbuch keinesfalls nur Grönland und Afrika waren. Wenn
uns in den vier großen Epen die Fülle an Ereignis, an Landschaft, der Prunk der Sichtbarkeiten,
die Übermenge der beteiligten Geschöpfe und
Gegenstände, die Einrichtungen, Geräte, Ge-
wänder, die lawinenartig anwachsenden Einzelheiten selbstherrlich zu werden drohen und den
sie alle leitenden Dichter fast ausschließen zu
wollen scheinen – wir bleiben dennoch in der
Empfindung geborgen: alles geht ihn an, alles
geht uns an.

Der Begriff des Umfangs gewinnt bei Döblin eine ganz neue Bedeutung. 600 Seiten von ihm scheinen 6000 von einem anderen Autor zu entsprechen. Dabei ist die Fülle des Gegenständlichen in seinen Büchern nicht lediglich untergebracht und nicht gepfercht. Gepreßt ist nur das auch im Leben Gepreßte, gehäuft nur das Gehäufte; wo es auf tiefen, langen Atem einer Szene ankommt, da rauscht der Atem tief und lang. An dem scheinbaren Überfluß ist nichts überflüssig, aber die intensive Dichte ist in allen Teilen gleich groß. Die Verdichtung hat niemals den faden und beißenden Geschmack des Künstlichen, des Chemischen, des Extraktes, denn Döblin ist nicht irgendeiner Kunstform im Fachsinne auf der Spur, sondern jener Form, die mit dem gelebten Leben identisch ist. Er läßt die Grundsätze seiner Arbeit aus den Notwendigkeiten ihres Themas erwachsen. Die strömende Wirklichkeit wird von ihm nicht dort gekappt und abgebunden, wo sie von ein paar Individualschicksalen scheinbar begrenzt wird. Auf vielen Ebenen zugleich blüht ihm Ereignis und Leben, mag es von dumpferen Betrachtern vor ihm auch nie bemerkt worden sein. Rührt der Eindruck des Flimmernden und Blendenden vor

Döblins Büchern nicht häufig von einer Zerstreutheit des Lesers her, von der Schwäche seines inneren Auges?

Döblin jedenfalls kann auf die Wiedergabe beständiger und vielfältiger Bewegung nicht verzichten. Denn es ist ja eine Urerkenntnis bei ihm: das Leben hört nicht auf, alles Ausruhen ist Schein. Darum: wenn ein paar seiner Personen etwa bei einer Mahlzeit entspannt feiern: er selbst fährt fort zu bemerken, der Beglückung durch Weltfülle zu folgen. Gewand und Geschirr, nichts läßt ihn gleichgültig. Alles wahrzunehmen, ist ihm jedoch so natürlich, daß nichts ihm ferner liegt, als nun Raritäten zu sammeln, Auftritte zu dekorieren. Die Bewegung verhindert das Erstarren der Tausende von Einzelheiten zum Mosaik. Erst wenn man ein wenig zurücktritt, einen größeren geistig durchmessenen Komplex überblickt, so ist die natürliche Ruhe da, das Zusammengefaßte, das konstruktiv Gewichtige und Beharrende. Vielleicht fühlt sich der Neuling auch darum von Quantitäten überrumpelt und erstickt, weil sie ihm nicht gefühlvoll aufgedrungen werden. Döblin schreibt nicht um der Gefühlswärme wegen, von welcher sich der Durchschnittsleser so gern bannen läßt.

Tiefe und Beschaffenheit des Gefühls ergeben sich ihm, in der Intensität abgestuft, aus seinen Objekten. Um möglichst viele Gefühle einzufangen und zu isolieren, beseitigt er daher an den Objekten nichts von vornherein, scheidet nichts zu seiner Bequemlichkeit aus. Symptom, Ausdruck, Seelenträger ist ihm alles, wie er selbst einmal bekennerhaft geäußert hat.

II

EPOCHEN DER VORBEREITUNG: DER LEBENS-, DENK-, SPRACHSTIL BILDET SICH

Vor ungefähr anderthalb Jahrzehnten begann Döblin die Schöpfung seiner Hauptwerke. Auf dem Wege dahin lassen sich zwei Epochen der Vorbereitung unterscheiden.

Die erste Periode reicht ungefähr von seinem zwanzigsten bis fünfundzwanzigsten Lebensjahr. In ihr schafft sich die Individualität Bahn, stürmt sich das lyrische Ich aus. Es entstand die Jugenderzählung ›Die jagenden Rosse‹, der 1902/3 geschriebene kurze Roman ›Der schwarze Vorhang‹. Nachträglich freilich können wir in diesem Roman schon Symptome erkennen, die den gereiften Dichter Döblin ankündigen. Es handelt sich darin um den parasitär gewalttätigen Charakter der Geschlechtlichkeit selbst, nicht bloß um ihre Spielformen in zwei Individuen. Geschlecht weist gesichtslos auf Geschlecht, kümmert sich nicht um einen bestimmten Mann und eine bestimmte Frau, überläßt sie zuletzt ihrer Einsamkeit. Dunkel und melancholisch klingt auch schon der später so klare und hymnische Gesang auf die waltende Natur an: »Schwer hockt das Leben an dem Toten; es ringt und müdet sich mit Stein, Luft und Wasser ab, bis es sie wieder zerrieben hat und hinwirft und auf neue Beute springt.«

Es folgt eine Übergangszeit, die trotz ihrer Dauer nur wenige dichterische Arbeiten zutage fördert. Sie bringt das Vordringen des Dichters zum Objekt in den Stilstudien der frühen Novellen. In der ›Ermordung einer Butterblume‹ werden die Empfindungen einer Zwangsneurose geklärt, aufgelöst. Döblin gräbt sich ins Naturwissenschaftlich-Psychiatrische ein, weil dort das vordringliche Ich entthront ist und das Objekt zu Range kommt. Er schreibt eine Reihe musikalischer und philosophischer Betrachtungen nieder. Denn Philosophie war ihm schon damals längst Bedürfnis, damit die Wissenschaft zur Wissenschaft werden könne, aufhöre, eine erdrückende Last gezählter und kombinierter Materialien zu sein. Ihm schwebt wohl schon damals die Philosophie als eine weltwissende Theologie ohne Gott und Kult vor, und das macht dem Studenten die intuitiven Grundsätze Hegels einleuchtend und hilfreich. Ist ihm an Kant antipathisch, daß die ausführlichen Analysen des Verstandes ihn allzulange auf seinen praktischen Gebrauch warten lassen, daß er das Messerwetzen, aber nicht das Schneiden lernen soll, so berühren ihn unmittelbar und leidenschaftlich Axiome wie diese: Alles, was ist, ist *vernünftig,* und alles Vernünftige *ist.* Seine Sympathien und Verwerfungen sind nicht leichtfertig, um so weniger, als die Urteile von dem in ihm schlummernden großen Dichter eingegeben sind. Er hört in Berlin philosophische Kollegs bei Friedrich Paulsen und Max Dessoir, lernt bei Adolf Lasson ausführlich Hegel kennen, arbeitet bei ihm über die Nikomachische Ethik des Aristoteles; weniger zieht ihn Platon an. In Freiburg beschäftigt er sich im Seminar Heinrich Rickerts nochmals mit Kant, doch widerwillig, und steht bei seinen Kameraden in dem Ruf, ein unduldsamer Hegelianer zu sein. Er war es auf seine Weise: er notierte sich viel von dem, was entfaltet jetzt in seinem Naturbuche zu finden ist. Er nahm von Hegel nur an, was ihn befreite, er folgte ihm nicht in die starren Konsequenzen, verstieß sein Dialektisches und vor allem seinen götzenhaft gefräßigen Staatsgedanken. Noch die 1926 veröffentlichte ›Reise in Polen‹ ruft schon im Motto allen Staaten und dem Staat überhaupt das Wort zu: »Denn eine Grenze hat Tyrannenmacht« und preist gegenüber den aufreizenden Ansprüchen und Anmaßungen der obersten politischen Gebilde das Schicksal, welches verhindert, daß der Staat zum endgültigen Herrn der ihm Ausgelieferten werde.

In jener Übergangsperiode des ersten Mannesalters blieb dergleichen literarisch stumm, wie Döblin überhaupt zwischen 1905 und 11 nicht viel eigentlich Literarisches schrieb. Biologie reizte ihn heftiger, und die Medizin war ihm kein Nebenberuf. Medizinisches überwog in seinen Publikationen, verbreitert, intensiviert durch das Biologische, denn er bemühte sich in seinem Sonderfache, der Nervenheilkunde, um bessere Methoden, als es die psychiatrischen waren.

Mit dem Stile seiner praktischen Bemühungen erwuchs der Stil seiner sprachlichen Kunst. Exakte Entsprechung des Objekts und des ausdrückenden Worts ist sein Ziel, und er bliebe lieber stumm, als daß er darauf verzichtete. Die Sprache und ihr Gegenstand haben sich nicht gegenüberzustehen, einander umwerbend mit Schönheitsverheißung oder graziöser Anschmiegsamkeit, oder in bissigem Angriff einander überfallend, sondern sie haben ineinander aufzugehen, dieselbe Wahrheit, dasselbe Wesen, derselbe Ding-Gedanke zu werden. Es gehört Döblin zur epischen Sprache, daß sie nicht Perioden um ihrer selbst willen bildet, daß sie den Ruhm des Darstellers nicht dem Ruhme des Darzustellenden vorzieht, daß sie Eitelkeit und Furcht nicht kennt, daß Tradition ihr gleichgültig ist. Die Sprache ist nicht bloß ein genau umhüllendes nasses Gewand, sie hat zu bluten wie der lebende Körper, und sie ist nichts anderes als er. Sie hat nicht Gesinnungen zu predigen, weil diese die Dinge in ihrer Richtung vor sich herschieben, sie verschieben, in falsche Formate pressen, der Freiheit berauben. Sie hat die Pflicht, seelenkundig zu sein, aber keinesfalls die Aufgabe, Seelenkunde abzuleiten, zu begrübeln und wie ausgequetschten Most auf Flaschen zu ziehen. Sie hat die Vorgänge in den Erzählungen nicht von wissenschaftlichen Kathedern zu beobachten und zu deuten. Sie hat, obwohl aus menschlichem Munde quellend, die Welt nicht zu anthropomorphisieren. Wie die Farbe des Malers, der Ton des Musikers, soll das epische Wort der Sklavenarbeit täglichen Gebrauchs fernbleiben. Döblin ist seit Jahrzehnten ein Liebhaber der Musiksprache Bachs und Mozarts, die beide welthaft tönen und nicht Menschenklagen und -seligkeiten nur singen. Er bewundert Arno Holz sogar, in seiner das Leben aufopfernden Grundfestigkeit, die vielen Lesern dieses Autors nur als eine lexikalische Raserei erscheint, als eine zerstörerische Attacke auf jeden Rhythmus, jede Melodie, als Flagellantismus vor einer Gottheit von monströser Häßlichkeit. Döblin verehrt hier den Aufstand gegen die betäubende Wiederkehr des ewig Gleichen, den rasselnden, pfeifenden Strich eines Hexenbesens im Kampf gegen Staub und Scherben, den Knüppel, die Brechstange des wütenden Bilderstürmers. Die Mühe, die bei Holz für das Auge vieler Betrachter im Buchstabenbilde untersinkt und ertrinkt, erscheint bei Döblin ins Positive gewendet. Auch

Döblin zählt wohl reihenweis auf, doch im straffen Marsch des Sämanns gehen die ausgesäten Gegenstände wie wurzelnde, wachsende, blühende, fruchtende Halme eines Feldes auf. Wir begreifen, was der Dichter durch die reine nackte Nennung vermied: das vorwitzige Befragen, den Behang mit selbstgefällig klingelnden Zieraten, die Belastung mit enteignendem oder aneignendem Gefühl.

Wer Döblins Werden verfolgt hat, dem vermittelte jedes neue Werk auf immer höherer Stufe das gleiche erstaunliche sprachliche Erlebnis. Nur die Hochspannung und Äußerungswucht der rhythmischen Kolonnen vergrößerte sich. Das Horchen auf den Rhythmus der Dinge wird mehr und mehr zum Selbstgetön dieses Rhythmus, weil die Worte die Dinge mehr und mehr und immer völliger in sich genommen haben.

Nur wenn eine Gesamtstimmung, eine Gesamttendenz zum selbständigen Wesen wird, rafft auch Döblin sie zum unabhängigen Wortfabelwesen zusammen. Ein Beispiel hierfür: »Durch das westliche und südliche Tschi-li ging ein Ziehen, ein rheumatisches Unbehagen, im Arm, in der Schulter, über den Fußrücken, schmerzhaftes Zucken in einem Zahn, Nervenstechen über dem linken Auge.« Und noch eins: »Aus ungarischen Salzfeldern waren sieben Teufel losgebrochen; häuserhoch, baumlang die Arme an den Schultern schleppend. Bei ihrem Trappeln, beim Trompeten ihrer Nasen stürzten viele Menschen tot um. Manche wurden bei ihrem ungeheuren horizontverdeckenden Anblick von der Lust ergriffen und davon bewältigt, mitzulaufen, nachzurennen. Sprangen an, hingen sich an die dicken Zotteln, krochen in dem Gedünst an ihnen hoch, grunzend und blasend wie sie, oft im Lauf zerquetscht an Felsen oder bei Flußübergängen ertränkt.« Der exakte Wissenschaftler zog den exakten Herrscher der Sprache ins volle Bewußtsein und Licht.

III

DIE WELTGESTALT IN DEN ›DREI SPRÜNGEN DES WANG-LUN‹

Unterweilen war Döblin reif geworden für die großen epischen Werke, die seinen Namen weitleuchtend in die Zukunft tragen werden. Äußere Vorgänge lösten ihm die Hände, die bis dahin vorwiegend in angewandter, ihn ausfüllender und befriedigender Wissenschaft beschäftigt gewesen waren. Er verheiratete sich, begann die Geldarbeit des privaten praktischen Arztes, sah die Laboratorien und Krankenhäuser sich entrissen, die Stätten, an denen Mittel und Material zu wissenschaftlicher Erkenntnis und Durchdringung in selbstverständlicher Mannigfaltigkeit seiner gewartet hatten. Es war plötzlich eine Kargheit um ihn entstanden, er hatte auf einer Unfallstation nur bescheidene Kleinarbeit zu verrichten, seine Gedanken griffen in leere Räume. Die leidvolle Frage nagte an ihm: Warum habe ich diese Heimatlosigkeit im Geistigen über mich verhängt? Als er von den Krankenschwestern, mit denen er zusammen gearbeitet hatte, zu einer Weihnachtsfeier eingeladen wurde, taten ihm die festlichen Stunden in Erinnerung und Sehnsucht weh. Der unbefriedigte, bohrende Zustand dauerte viele Monate lang an.

Dann, im Juli 1912, fing er seinen Wang-lun zu schreiben an, jene große Dichtung, deren Thema das Nichtwiderstreben ist. Das Nichtwiderstreben*können* aus psychopathischer Anlage oder körperlicher Krankheit hatte er bereits in mehreren Novellen gestaltet (unter denen ist die schöne Arbeit ›Die Tänzerin und der Leib‹

zu nennen, worin ein todkrankes Tanzmädchen den siechen, mit Schmerzen stechenden Körper verachtet, als wäre er etwas nicht ihr Gehöriges; zwei an dieselbe Leibesform gebundene Iche, ein welkendes und ein emporstrebendes, führen den Todeskampf miteinander). Jetzt hat sich das Nichtwiderstreben*können* in ein Nichtwiderstreben*wollen* gewandelt. Damit ist es nicht etwa duldsamer, sondern unendlich aktiver geworden. Es ist aus der Vereinzelung in einer Persönlichkeit herausgetreten, es ergreift viele Tausende von Personen, es findet sich im Echo der sie umgebenden und einhüllenden Naturkräfte millionenfach bestätigt. Im Mai 1913 ist der Roman ›Die drei Sprünge des Wang-lun‹ fertig.

Wir treten hier mit Döblin zum erstenmal wie durch ein aufgesprengtes Tor in die *Welt*. Es ist die ganze Welt, und wenn sie diesmal an einer chinesischen Geschichte zum Ereignis wird, so nur, um nicht stumm zu bleiben, um eine dem Wunder ihrer Selbsterkenntnis nachleuchtende Sprache zu finden. Die Sprache spricht nicht mit Worten, sondern durch das Mittel der Worte mit Dingen und Wesen. Um uns sind die Täler und Berge der achtzehn Provinzen und auf und in ihnen alles farbige Leben der Höhe und Tiefe:

147

die Ströme, die Wälder, die Thymianfelder, Eis und heißer Staub, die Lotosblumen mit tellergroßen Blättern und roten Blüten, die Salzbrunnen; Städte, Dörfer, Einsiedeleien; Bauern, Großgutsbesitzer, Beamte, Magistrate, Heerführer, Astrologen, Priester, Apotheker, Schenkwirte, Salzsieder, Nachtwächter, Natternhändler, Zauberkünstler, Masken, Gaukler; Katzen, Schildkröten, Zwergteufel, Gespenster, selige Geister. Wir sehen die Opfer vor Ahnentafeln, den Tanz der Pfauenfedern, die Fahrt einer Puppe als Göttin der Barke, kaiserliche Prunkmähler, Belagerungen, Verfolgungen, Stürme auf Gefängnisse; wir hören Bannformeln gegen Krankheiten, das Lied Tufus von der Vergänglichkeit, die Unterredungen Khien-lungs mit dem Taschilama in Tibet, dem Weisheitsozean, vor uns blitzt Chens Schwert »Der gelbe Springer«, Drachen steigen, Wasseruhren messen Tag und Nacht. Doch eine noch so ausführliche Aufzählung kann nicht einmal einen matten Abglanz dessen geben, was in Döblins Buche volle Gegenwart ist. Nichts darf sich vordrängen, nichts sich in separater Eitelkeit spiegeln, alles ist von der gleichen belebenden Macht durchbebt. Schnitte man das Buch in Stücke,

überall würde man diese ganze Macht un-
zerschnitten vorfinden, mit dem Drange, fortzu-
wachsen und sich bis ins Unendliche zu erfüllen.
Es ist, wie es der kaiserliche Dichter Khien-lung
einmal ausdrückt: »Lerchen singen, Herbst.
Man hat keinen Anlaß, diesen Anblick zu dichten; er ist unübertrefflich vorhanden. Immerhin
könnte ich in die Versuchung kommen, ihn zu
dichten, aber dann übernehme ich eine Ver-
pflichtung gegen den Anblick. Nämlich die Ver-
pflichtung, ihn ehrerbietig zu schonen, den
Geist dieser Minute unberührt zu lassen, ihm als
irdisches Geschöpf zu opfern. Und jetzt male ich
die Charaktere. Sie sind keine Mitteilungen, obwohl sie doch auch zu Mitteilungen dienen;
runde beziehungsvolle Bilder, Anklänge an die
Bücher der Weisen, schön in sich, schön gegen-
einander. Diese Bilder sind selbst kleine Seel-
chen, und das Papier nimmt an ihnen teil.«

Wir sagten: Durch ein explosiv geborstenes
Tor treten wir in Döblins Welt. Die Welt führt
diesmal den Namen China, aber sie *ist* nicht
China, sondern eben die Welt. Wenn ein Mensch
Tiere verzehrt oder Pflanzen, die Luft in sich
saugt, so wird *er* darum nicht tierhaft, pflan-
zenhaft, lufthaft, sondern bleibt die Einheit

Mensch. Wenn die Flamme einen Wald überfällt, so wird sie an dieser Nahrung nicht Wald, sondern bleibt Flamme. Wenn die Urseele des religiösen Sturmes China überfällt, so wird sie nicht China, sondern bleibt der seelische Sturm. Verweilen wir einen Augenblick bei dem Bilde vom Überfall durch die Flamme! Sie will nur sie selbst sein und sucht sich nicht aus, ob der von ihr zu verzehrende Ast so oder so geformt ist, sie nimmt ihn hin, wofern er sie nähren kann, ihr liegt die Absicht fern, ihn zurechtzubiegen, zu recken, zu kürzen, beiseitezuwerfen, wenn er ihr nur zum Fraße taugt. Es würde sie ersticken, müßte sie überlegen, ob der Zweig oder die Wurzel oder der Stamm ihr in trocknerem und grünerem Zustande besser bekommen möchte. Wie die Natur ihr das Futter bereitet, so nimmt sie es an: es war nützlich und richtig erschaffen, und es bleibt auch im Flammenzustande richtig. Leckt sie an einen Silbererzklumpen, so wird sie ihn umschmelzen, in Silber, Bleiweiß, Schlacke zerteilen, ihn zurücklassen und nur farbige Dämpfe in sich aufnehmen. So achtet es die Flamme des Döblinschen Geistes als kein Wunder, wenn die chinesische Natur sich in seiner Dichtung wiederum als chinesische Natur niederschlägt.

So denn: wir sind da. China ist in uns. Es fand kein Transport statt. Nicht durch Reisen, nicht durch Gelehrsamkeit, nicht durch nekromantische Beschwörung. Der Dichter glaubte seinen Quellen, wo sie ihn bestätigten, wir glauben ihm, weil er uns bestätigt. Seine Kritik wählte und verwarf intuitiv, und dem Sinologen blieb nur übrig, hinterher analytisch seine Verblüffung über das wohlgetroffene Spiegelbild festzustellen. Die dichterische Kritik hatte nur das Laboratorium gewechselt, nicht Verstand und Methode. Gestern hieß das Erlebnis: Weihnachtsabend bei den Krankenschwestern, heute hieß es: die Schildkröte des Kaisers Khien-lung; nur der Name, nicht die Tatsache des Erlebens war ausgewechselt.

Vor uns begibt sich Entstehung, Wachstum, Verfolgung und Ausrottung des Bundes der Wu-wei, der »Wahrhaft-Schwachen«. Er haust in Tschi-li. Menschen aller Volksklassen schließen sich ihm an, Handwerker, Kaufleute, Soldaten, Wüstlinge, Dirnen, Literaten, alle die, die durch ein überstandenes Unglück geweckt wurden. Sie stehen zur Natur auf ihre Weise, halten Freundschaft mit Pflanzen, Tieren, Steinen. Sie betteln und arbeiten für ihren Bedarf, haben kein religiöses Dogma, kein Götterbild, keine festen Wohnstätten. Sie wollen sich insgesamt vom Rade des Daseins nicht drehen lassen und haben ihre rettende Weisheit in der Lehre ihres Führers Wang-lun gefunden: die beste Art des Daseins ist: dem Schicksal nicht zu widerstreben; wie der Mann, der seinen Schatten fürchtete und seine Fußspuren bis zur Verzweiflung floh, endlich zur Einsicht kam, daß er an einem schattigen Ort keinen Schatten warf und, wenn er sich ruhig verhielt, keine Fußspuren hinterließ. Man hat uns nicht gut getan, sagen die Bündler, und man wird uns nicht gut tun, denn so ist das Schicksal. Mord begehen und Mord rächen bringt nicht von der Stelle – dies ist das Schicksal auch. Wie sieht es aus? »Wie eine Leiche, sie läßt sich nicht ansprechen, nicht besänftigen, nicht erzürnen, du kannst nach ihrer Seele mit Tüchern wedeln, in Gärten, auf dem Dache, vor der Tür, im Hof.« Empörung kann daran nichts ändern. Übrig-bleibt nur: Großes und Kleines zu ertragen, wunschlos, gewichtlos, »wie das weiße Wasser schwach und folgsam zu sein, wie das Licht von jedem dünnen Blatt abzugleiten«. Wasser nimmt die Form jedes Gefäßes an, Wasser kann in kei-nen Krieg verwickelt werden. »Unser Buddha blickt uns aus Himmel, Bergen und Bächen an; die Donnerschläge grüßen ihn besser als Pauken und Gongs; sein Weihrauch sind Wolken und Wind, er trinkt seinen Tee aus den fünf Seen und den vier Meeren. – Unmerklich wie bodenständige Kresse wachsen unsere Häuser von der Erde ab, achten die Geisterpulse und Luftströmungen; so machen wir uns ähnlich dem Tao, dem Weltlauf.«

Wang-lun ist Begründer und Haupt der Brüderschaft. Er ist der Sohn eines Fischers, riesenstark, roh vor seiner Wandlung. Er lebt bei Bettlern, tut sich in der Welt um, in der großen Stadt Tsi-nan-fu. Er stiehlt, vollführt übermütige Narrenstreiche, begeht Einbrüche in Tempel, bis ihm sein Blutsbruder Su-koh erschlagen wird. Da kommt Nachdenken über ihn (wie später ganz jenseitssüchtig über Manas), er weint, irrt umher, hungert und dürstet, erschlägt den Mörder Su-kohs, irrt weiter, arbeitet, schleppt Lasten, verbringt mit Wegelagerern den Winter im Gebirge, haust bei einem Einsiedler. Er wird wieder fröhlich, aber minutenweise überfällt ihn oft eine unheimliche Entrücktheit. Er hört: weil die Welt geistiger Art sei, soll man nicht durch Handeln an sie rühren. Er wird ein anderer. Der einsiedlerische Priester Ma-noh wird sein Lehrer; er wächst bei ihm in der Macht der Versenkung, während der andere, sich gleichbleibend, schrumpft; der andere neidet, er umarmt. Selbst hinter seinen Späßen steckt nun etwas Heiliges. Wang-lun gewinnt durch das Strahlen seiner Seele Gewalt über Ma-noh, der ihn bewundernd haßt, er gewinnt Gewalt über alle Leidenden, die seine Lehre vernahmen. Wie eine Lawine schwillt seine Gefolgschaft an, durch ihre eigene Wucht schließlich auf unheilvolle Wege gestoßen, manchmal zerspalten, manchmal festgerammt. Es ist die Stärke der vom Leben zur Ohnmacht und zum Dulden Verurteilten, aus geistiger Anstrengung ohnmächtig sein zu *wollen*. Wang-lun selbst erlebt das Stillhalten vor der Gewalt so ausschließlich, mit so verbissener Wut, daß er seiner Gemeinde die Brunnen vergiftet, weil sie sich gegen die Ausrottung durch kaiserliche Soldaten wehrt.

Aber nicht lange darauf, weil die Lawine ja nicht in einer metaphysischen, sondern in dieser realen Welt vorwärtsrollt, ist Wang-lun selbst kriegerischer Anführer seiner Schar. Er mußte es werden, weil es kriegerische Anführer des Kaisers gibt, jenes verhaßten Mandschus, der auch ein Versunkener ist, eingetaucht »in die grauenhafte Höhe, das abgöttische Licht seines Ranges«. Wie die Wu-wei steht auch er außerhalb des Schicksals, aber um diesen Standpunkt zu bewahren, ist er gezwungen, Schicksal zu verhängen. Als er seine Dynastie bedroht sieht, muß er gegen die Bedroher Krieg führen, ebenso wie diese genötigt sind, ihre Überzeugung mit Mord und Brand zu verteidigen: weil diese Überzeugung ohne lebendige Menschen aus der Welt verschwände, nicht mehr da wäre.

Es gibt so viele Wu-wei, wie viele Menschen daran teilnehmen, – Hunderte, Tausende. Der eine ist mit der Lehre verbunden wie mit seinem Leibe, der andere hat sie an wie das Kleid eines Hanswursts, der dritte grimassiert sie nach wie ein Affe. Da sie aber doch eine Einheit, ein Massenkörper geworden ist, kann sie sich nur in die Formen retten, die sie gebrochen hat: sie trägt die Merkmale von Familie, Kirche, Heer, Staat. Das Gesamtschicksal zerfällt wieder in Schicksale, und schließlich hat jeder wie Wang-lun nur das seine gehabt.

Am Ende seiner Bahn erkennt Wang-lun in einem Räuber und Verräter, der, kein Wahrhaft Schwacher, etwas wie ein Bruder und Doppel-

gänger ist, »daß wir unser Wu-wei auf den Händen tragen müssen, mit Schwertern, mit Bei-
len«! Zuerst war Wang der Körper eines Geistes,
jetzt ist sein Werk der Geist eines Körpers geworden. Und doch bleibt das Werk gut, wenn
sein Reinstes auch nur Schwermut ist. »Immer
liegt irgendwo so Wolken, Wasser, Unbestimm-
tes, das nach Jahren sich besinnt und mich haben will«, und: »Ich werde irgendwo, irgend-
wann einschlafen, ohne zu wissen, warum das
alles gewesen ist.« Ein paar Vereinzelte können
treiben, was sie wollen; dabei ist keine große
Gefahr und kein großer Segen. Aber wenn Tausende es treiben, dann wird es real für die Welt.
Daher verfolgt Döblin nicht die Ideen, die
nur im Schädelgewölbe eines Kopfes rumoren,
sondern er verfolgt ihren Weg in umfassenden
Menschengemeinschaften, denen sie die Arme
bewegen, das Leben bauen und den Tod bringen. In das größte Volk der Erde rief er die
Frage hinein, ob man das könne: stillehalten,
nicht widerstreben.

IV

DÖBLINS MENSCHENGESTALTUNG

Nach Abschluß der ›Drei Sprünge des Wang-lun‹ befand sich der Dichter, wie er erzählt, in einem Zustand der Apathie und Indifferenz. Es mag ihm zumute gewesen sein, als hätten Berlin und Peking ihre geographische Lage vertauscht. Um sich nach Berlin zurückzufinden, machte er sich daran, es in seiner Großartigkeit zu schildern. Die kosmischen Kräfte, denen er durch das weite Reich der Mitte nachgegangen war, wollte er diesmal in stählerne Käfige sperren, sie in Maschinen konzentrieren. Er hat sich wochenlang in Fabriken der A.E.G. aufgehalten. Ganze Berge von Maschinenstudien wuchsen ihm unter den Händen an. Der Extrakt daraus sollte ein Buch mit dem Titel ›Die Dampfturbine‹ speisen, ein zweiter Teil, ›Der Ölmotor‹, sollte folgen. Zuerst war zu zeigen, wie die Turbine den älteren Dampfmaschinentyp überrannte, sodann, wie der noch vollkommnere Ölmotor die Turbine ablöste. Im Hause Rommels, des Turbinenfabrikanten, saß schon der Mann, der den Ölmotor konstruiert hatte.

Statt dessen bildete sich in dem Dichter wider seinen Willen eine Art von berlinischer Donquichotterie zwischen wenigen Menschen heran. Döblin gab sich dem unbefangenen Vergnügen an einem Menschenschlage hin, den er als ein stets dankbarer und sinnenoffener Zuschauer viele Jahre lang gern um sich gesehen hatte und der ihm die Bürde seines ärztlichen Berufs mit seiner Beweglichkeit und frischen Ursprünglichkeit tragen half.

Der Roman Wadzeks, mit Gipfeln wie der Verschanzung in Reinickendorf und der eingebildeten Belagerung der Verschanzten, läßt seine kurzen Sätze in hitzigem Tempo elastisch weiterprallen. Die Gehirne sind heiß, die Arbeit in Fabriken und Kontoren ist heiß, und das Pflaster unter den Füßen ist heiß. Was anderswo schon Fieber wäre, ist hier noch physiologische Natürlichkeit. Doch der Roman, den Döblin über das Thema Berlin schreiben könnte, hat in Wadzek noch nicht die endgültige Fassung gefunden. Das Werk, an dem er heute arbeitet, wird wiederum in Berlin spielen.

Man kann den Wadzek mit einer kleinen Gruppe von Novellen aus dieser Stadt zusammenfassen, vielleicht auch die Menge der übrigen, aus genießender, kritischer, satirischer Hingabe an die Gegenwart entstandenen kürzeren Arbeiten hinzufügen. Gemeinsam ist ihnen die detaillierte und eindringliche Darstellung von Einzelmenschen. Die Objekte sind gleichsam sorgfältig herauspräpariert, und ihre Betrachtung macht uns den Willen leichter anschaubar, den Döblin in seiner Menschengestaltung immer vollzieht, auch wenn die Individuen von dem Schwall der großen epischen Fluten überschüttet werden.

Er kennt die Menschen in ihrer Macht und Schwäche, er freut sich ihrer bis über die Sterne reichenden Gedankendespotie, aber ohne zu vergessen, daß es eine *Gedankendespotie* ist, er freut sich ihrer unverwechselbaren Eigenheiten und Schrullen, ihrer nach individuellen Bedingungen verzerrten und verkürzten Perspektiven, ihres selbstbewußt bewirtschafteten Daseinsgefühls, aber er lehnt als wahrheitswidrig und grotesk ein Heldentum ab, das auf psychologische Weise das Wesen der Welt übermannen oder erschöpfen zu können meint. Eine seiner Gestalten sagt, mit situationsgemäßer Redeprägung, vom Tragischen: »Das Publikum sollte sich sagen, daß es sich nicht schickt, anzusehen, wie ein Mensch oder mehrere Menschen etwas nicht können. Ja, nicht können. Der Held kann immer nicht. Irgend etwas kann er immer nicht, ohne angeblich, wie man sagt, sein Herz zu zerbrechen. Wen geht das etwas an.« Können und Nichtkönnen des einzelnen würden richtiger auswägbar, wenn er, beispielsweise im jetzigen Berlin, das tägliche Murren seiner Straße nicht vergäße oder das Streifen Arm an Arm, Schulter an Schulter, oder die Pneumatiks, zum Platzen gebläht, die Autos, die sich wie ein Einfall nähern, die aus unsichtbaren Auspuffrohren rückwärtsgehauchten blaugrauen Wolken, giftige Gase, erstickendes Kohlenoxyd, stinkendes Akrolein. Wer das bei Döblin, dem Leugner der Materie, für materialistisch hält, der gehe zurück nach seinem China, wo die Menschen auch nicht in den Gedanken und Taten ihres privaten Ichs enden, sondern wo Geister sie umschweben und bestimmen: »Geister des begrenzten Lichts, die Bewußtlosen, die Schmerzlosen, die Bewohner des Nichts und schließlich jene, welche da sind, wo es weder Denken noch Nichtdenken gibt.«

Ferner überhebt sich Döblin der in uns steckenden leiblichen Tatsachen nicht. So heißt es in

der Erzählung ›Von der himmlischen Gnade‹:
»Ihre Knochen taten unermüdlich den Dienst,
Maschinen, die einmal angelassen waren, trugen
das Herz, das träge und zögernd sein Ticktack
machte.« Er regt sich über diese Aggregathaufen
physischer und metaphysischer Dinge nicht auf,
nur weil man sie Menschen heißt, oder weil auch
er ein Mensch ist.

Gewöhnliche Exemplare der Gattung Mensch
wimmeln in seinen Werken zu Hunderten, doch
wenn man genau zusieht, so sind auch sie von-
einander scharf unterschieden. Der Eindruck
ihrer Unauffälligkeit entsteht nur durch das Gedränge, in dem sie hausen, wie denn Geschichte
immer das Aufgehen des Einsamen im Gedränge bewirkt.

Die Ungewöhnlichen sind, ganz wörtlich genommen, die Exponenten. Sie verdichten alle
in sich die Atmosphäre eines vielen gemeinsamen und, gemessen an dem Verlauf der
ganzen Welt, doch wieder besonderen Schicksals. Sie mögen, jeder für sich genommen, als
aufdringliche, übertriebene, unwahrscheinliche
Charaktere erscheinen, in ihrer Umgebung tun
sie sich zu Gruppen von gleicher oder verwand-
ter Art zusammen, von noch höherem Gesichts-

punkt aus betrachtet tauchen sie wieder ins Anonyme zurück.

Man denke an Wadzek allein, man denke ihn sich verbunden mit Rommel, Schneemann, Gabriele, man denke sie sich in der industrialisierten Großstadt zwischen zehntausend Turbinen und Kolbenmaschinen. Man denke an die Feldherrn, Fürsten, Finanzherrn um Wallenstein: sind sie nicht ein notwendiges Ensemble, könnte man sich einen von ihnen in ein anderes Werk des Dichters hinübergesetzt denken? Ist es nicht ebenso mit den Großen einer barbarischen Zukunft: Mutumbo, Marke, Marduk, Jonathan, Elina? Haben seine den Vorder-, Mittel- und Hintergrund überschattenden Chinesen nicht insgesamt etwas vom Weisen, Heiligen und Verbrecher? Glänzt nicht aus Schiwa, Sawitri, Manas ein *Welt-Ich* über der Natur? Überall beginnt sich die anfängliche Empfindung eines Zuviel an Souveränität und eines Zuwenig an vertrauter Norm in Döblins Gestaltung seiner Hauptfiguren zu lösen, wenn der Leser der Grundeinstellung des Dichters nicht widerstrebt.

Er wird in, neben und hinter dem Rauhen, Schroffen, Wilden, dem wahnhaft und heilig

Ausschweifenden die Beschwichtigung unveränderter und unveränderlicher Menschlichkeit erfahren. Freude freut sich auch hier, Schmerz schmerzt auch hier, Tränen sind bitter wie je, Komik und Bizarrerie des philiströsen wie tragischen Alltags bleiben unverjagt, nur dürfen sie nicht das Gesetz des Universums zu diktieren oder zu leugnen versuchen. In dieser Abwehr ist Döblin unbestechlich und unerbittlich. Von der Allnatur eingeschränkt, darf sich die Menschennatur bei ihm unbeschränkt tummeln. In diesen unsichtbaren Schranken aber erlaubt er seinen Figuren, sich als Maß aller Dinge zu nehmen.

Seine kürzeren Erzählungen und dramatischen Arbeiten wie ›Lydia und Mäxchen‹ (geschrieben 1905) und ›Die Nonnen von Kemnade‹, Darstellungen wie die von seiner »linken Poot« geschriebenen und in dem Buche ›Der deutsche Maskenball‹ zusammengestellten, Schilderungen wie die seiner Besuche der Juden in Warschau, Wilna, Lublin, Lemberg, Krakau, Lodz, im Naphthagebiet – all dies entkräftet vielleicht am einfachsten den Vorwurf, er sei dem Reiz und der Bedeutung des Menschlich-allzumenschlichen nicht genügend geöffnet. Zugleich würden diese das Hauptschaffen begleitenden Satelliten-Werke, selbst wenn er es nicht ausdrücklich sagte, beweisen, wie heftig er sich gegen Klassizität, Hellenismus und Humanismus sträubt. Er ist vielmehr, um einen (trotz hartnäckigster Verkennung und Trägheit) der größten Dichter der Deutschen und aller Völker zu nennen, in einigen Stücken Jean Paul zu vergleichen: in seinem unstillbaren Durst, die Welt an den Katarakten ihrer merkwürdigen und wahrheitbefrachteten Einzelheiten auszutrinken, und in seinem Fluge durch die Seelenordnungen aller Wesen, die sich in der Zelle so gut offenbart wie in den Sonnen- und Milchstraßensystemen. Manche gelegentliche Erfindung Döblinschen Humors könnten wir bei Jean Paul suchen, etwa den Herzog Stoffel mit seinen grünbemalten Holzelefanten für Paraden (aus den ›Lobensteinern‹) oder den Schornsteinfeger, der Blitze mit den Händen fängt und in die Tasche steckt. Dazu gehören auch scharfsinnig beobachtete Züge wie der, daß der nervöse Wadzek sich nur im Schutze eines Gegenstandes wohl zu fühlen scheint und selten in die Mitte des Zimmers tritt. Oder: jemand muß zwangsmäßig immerfort denken, wie Würmer einen

Sarg aufbrechen, und dabei knipst er während abgerungener Unterhaltung ernst mit dem Daumen. Oder: jemand trägt violette Strümpfe, die er den Passanten gern zu Gesicht brächte, aber es gelingt ihm trotz energischen Schleuderns der Beine nicht, weil die Hosen zu lang sind. Oder auf der hohen Ebene des Geheimnisses das wunderbare Zweite Gesicht: ein Freund findet Wang-lun am Vorabend seines Todes in zwei Stockwerken des Hauses gleichzeitig, unten, wie er bei der Öllampe ruhig liest, oben, wie er Spieße und Dolche verteilt; und dann stürzt Wang selbst nach unten, ruft die stille Erscheinung seiner selbst an, diese dreht sich um, sieht ihn mit seinen eigenen Blicken an, bewegt sich, verschwindet.

Solcher geistig und geisterhaft realistischen Eingebungen und Funde gibt es in allen Werken Döblins fast unauszählbare. Wendet man ein, daß lauter gelungene und überzeugende Einzelzüge noch nicht die Überzeugungskraft des Gesamtporträts gewährleisten, so eignen sich wieder Döblins kleinere, novellistische Arbeiten, weil sie gleichsam Präparate sind, am besten zur Einführung in seine Art. Jene Berliner Novellen ziehen mit unzerbrechlicher Folgerichtigkeit berlinisch-märkisches Wesen in sich hinein und entwickeln dabei das ganz unberlinisch phantastische, neurotische und dadurch im Sinne der ausschwärmenden »erkrankten« Natur allgemeingültige Wesen ihrer Akteure. Ein solches Meisterstück der Charakterzeichnung, ruhig, sicher, nirgends befremdend, bietet die Figur des »Kaplans« in ihrer sanftmütig unbarmherzigen Liebesverwirrung. Noch weiter aus dem plattesten Alltag in selten betretenes Gebiet wird jener Herr Valentin Priebe verweht, als die Puppe der seinetwegen aus dem Fenster gestürzten Frau einen Arm aus dem Koffer hervorstreckt, ihn, nachdem er zurückgepackt war, wieder herausfallen läßt, lebendig wird und Priebe fortlockt bis ins Wasser.

Dem Begriffe Döblins vom Leben entspricht seine Wertung des Todes. Er ist ihm kein Schrecknis. Eine gewisse gesammelte, private Art des Ichs sinkt hin, andere Arten bleiben, neue binden sich, alle beseelt – Umbildungen, Umseelungen. Beim Tode entstehen, in umgekehrter Richtung, die Wirkungen, die vorher beispielsweise durch Koffein, Salz, Stickstoff, Kohlenstoff als Ernährung, Erregung, Lähmung hervorgebracht wurden. Aber niemals geschieht das als Wirkung von Materie auf Materie, sondern als Wirkung von Geist auf Geist. Wenn der Tod trotzdem geheimnisvoll ist, so ist er es nicht mehr, als etwa die mathematischen und physikalischen Beziehungen der Dinge und als diese selbst, die als Wahrheiten uns zur Entdeckung von Beziehungen veranlassen. Döblin glaubt überdies, daß die Organismen gegenüber den Massenwesen Verfallprodukte des Weltlebens seien und gleichsam eine Aschenexistenz führten. Doch die umfänglicheren Organismen, Tier und Mensch, seien Wiederherstellungsversuche, beinahe schon kleine Sonnen. Daher macht der Dichter diese kleinen Sonnen möglichst hell und groß, freilich, ohne jemals zu vergessen, daß der Zustand der Ent-Ichung oder der Zustand jenseits der energisch selbstbewußten Ichformen viel häufiger ist als der andere. Das viele nichtpersönliche Ich, das anonyme, bleibt unzerstörbar. Im Geschlechtlichen, das nicht persönlich ist, fließt schon bei Lebzeiten unser Wesen ins Anonyme über. So im Tode.

Tod und Liebe grüßen sich wieder als die ewigen Verwandten. Beiden maß Döblin in seinen Werken einen gerechten Raum zu.

V

WALLENSTEIN, DAS EPOS
DER GROSSEN KOLLEKTIVGEWALTEN

Wallenstein ist das Epos der größten Kollektiv-
gewalten, welche die mit Menschen beschickte
Welt bewegen. Dieses Buch ist der Krieg selbst,
sein Eisernes, sein Logisches, sein Feuriges, sein
Kaltes; die Politik selbst, ihr Elastisches, ihr
Brutales, ihr Verwirrendes, ihr Auflösendes. Das
Pathos der Wirklichkeit, ganze Länder ergreifend, keinen Vordergrund und Hintergrund in
der Organisation zu rhythmischen Massen frei
lassend, über alles Friedliche fortwälzend, er-
hebt sich so dicht und hart und schwer, als wäre
diese Ballung ein ewiger Zustand, Anfang und
Ende nicht abzusehen. Es bäumt sich der große
Leib Deutschland mit Faulem, Eiterndem, Ver-
wesendem. Vieltausendfaches Schicksal bindet
sich in den Geißelsträhnen der militärischen,
religiösen, geldwirtschaftlichen, politischen Gei-
ßeln.

Einzelgeschichten von Persönlichkeiten, seelische Konflikte zwischen ein paar privaten Menschen erhalten keine Rast und keinen Raum, für
sich selbst etwas zu bedeuten, sie werden mitge-

rissen, aufgewirbelt, müssen treiben, bauen, zerstören, zerschellen in dem Orkan der Mächte.

Mitten in dem Kriege, den wir alle selbst erlebt haben, entstand in Döblin der Plan zu seinem Wallenstein. (1916 in Kissingen.) Aber es ist nicht so, daß er ein chaotisches Erlebnis in einen jahrhunderteweit entlegenen Winkel schleppen wollte, um mit ihm fertig zu werden. Es ist auch nicht so, daß ihn aus der Nötigung der Gegenwart heraus ein weltgeschichtlicher Abschnitt plötzlich zu interessieren begonnen hätte. Was in seinem Wallenstein vorgeht, hat wiederum mit Historie seinem Wesen nach nichts zu tun. Das Drama, auf das er uns dort schauen läßt, ist nicht in Akte geteilt, die so und so viele Personen beschäftigen und wieder entlassen. Es entspringt nicht in einem Frieden, um schließlich in einen anderen Frieden zu münden – es ist Krieg, Krieg an sich, nicht Krieg zu einem Zweck, nicht Krieg zu einem Beweis außer dem seiner selbst, weder liberalistisch verabscheut noch konservativ gepriesen. Darum fehlen bei Döblin die Jahreszahlen; sie würden irrleiten. Da ihm die Aktion auf einem Heldentheater fernliegt – die Verklärung eines Menschen zum Helden ist etwas Nachträgliches, sie ist der Blick aus der Distanz –, fehlen die Helden. Oder nicht? Stellt Döblin nicht fünfzig oder sechzig unerbittlich genau erforschte und erkannte Figuren auf die Beine? Gewiß, aber er hängt ihnen keine Urteile der Nachwelt an, die sie posthum teleologisch, »geschichtlich« macht. Die Sonderung der Schafe von den Böcken ist noch nicht vorgenommen worden, und auch innerhalb der einzelnen Mitspieler ist das Lammgute und Widderböse nicht auseinanderpräpariert. Döblin beginnt nicht bei dem berühmten Fenstersturz des Martinitz und Slawata, er endet nicht beim Westfälischen Frieden. Für das, was er zu sagen hat, ist jeder Kriegsgrund gleichgültig, und kein Friedensgrund kann es beenden. Ihm geht es darum, den Krieg in seiner absoluten Realität zu erfassen, nicht nur bedingungsweise.

Dazu brauchte er allerdings Umstände, Ereignisse, Menschen, Völker, Städte, Landschaften, die ebenfalls nicht bedingungsweise galten, sondern einmalig und unverwechselbar sie selbst waren. Wir befinden uns am Anfang seines Werkes in den dynastischen Verknotungen, den politischen Zerklüftungen, den wirtschaftlichen Nöten nach der Schlacht am Weißen Berge. Wallenstein, so sehr er sofort Persönlichkeit ist, wirkt ebensosehr als Konzentrierung all dieser Spannungen; in ihm lagern sich Reich, Bayern und Böhmen gegenüber, Katholiken und Protestanten, König Friedrich und Maximilian, die Liga, Kurfürsten, Kirche, Bauernschaft, Soldaten. Er kommt uns daher nicht als der aus dem Komplex geschälte Feldherr entgegen, sondern zuerst als geschäftskundiger Finanzmann. Auch später steht er uns nicht ausschließlich als Soldat vor Augen, sondern als Bandenführer, als erpresserischer Spekulant und Räuber, als zügelloser Zerstörer und Fanatiker der Ordnung, als Staatsmann, dem ein Deutschland über den deutschen Ländern am Herzen liegt. Er ist der Geist und Widergeist seiner Welt.

Ihre Seele aber, die zuletzt einen Schein alles auslöschender Hoheit auf sie wirft, ist Kaiser Ferdinand. Döblin bekennt, daß Ferdinand, in dem sich das Deutsche Reich schließlich zum kaiserlosen Reich der Welt weitet, ihm mehr und mehr zur Mitte seiner Arbeit geworden sei. Er sagt: »Dies ist die Grundkonzeption des Buches, ein Kaiser, ein latenter Kaiser, von anderen irdischen Gewalten, Maximilian von Bayern, niedergehalten, leidet in dieser irdischen Schicht, wird von einem andern tellurischen

Gesellen, aber der Potenz aller Potenzen, Wallenstein, mit dem Ultramaximum der Kraft gefüllt und über das Tellurische herausgeschoben. Ferdinand kann durch irdische Mittel nicht höher, das Reich der Erde und seine Herrlichkeit ist nicht nur in seinem Besitz, sondern er ist gesättigt vom Besitz. Es gibt extensiv kein Mittel. Das Gefühl, allen Reichtum in sich und also unter sich zu haben, verläßt ihn nicht mehr. So verstärkt es sich in ihm, daß er zum Schluß ohne Bewegung – alles abtut.« Er überläßt seinen Thron sich selbst, die Erde mit ihren einsamen Wäldern wird sein Thron. Als er einen Einsiedler besucht hat und ihn verläßt, sieht er zwei Adler auf hohen Füßen hinter sich stehen, die ungeheuer mit den Flügeln schlagend Wind vor sich hertreiben. Er folgt dem inneren Wink in die Einsamkeit, verläßt sie nicht mehr und wird schließlich von einem koboldigen Waldwesen, einem Affen in Menschengestalt, umgebracht. Es ist, als löschte die Natur selbst ihn aus und nähme ihn zu sich. Wallenstein dagegen geht in dem Strudel unter, den er aufrührte und in dem er selbst umgewirbelt wurde. Ein entsetzlicher Partisanenhieb quer über den Kopf zertrümmert sein Leben. Quer in einen Wagen geworfen, in einen Teppich gerollt, der zu beiden Seiten aus dem Gefährt heraushängt, rasselt er aus der Welt über Steine, dünnen Schnee, die Frostschalen der Wassertümpel.

All die Kollektivkräfte, die diese Riesenfiguren umgeben, ihren Weg begleiten, kreuzen, hemmen, die sie fast zu ein paar unscheinbaren Exemplaren unter Zehntausenden, Hunderttausenden machen, sind getränkt von Sinn und Geist. Diesen Kollektivgeistigkeiten muß natürlicherweise die Richtung auf einzelmenschliche Endziele fehlen. Indem sie leben und wirken, erkennen sie sich selbst und werden erkennbar. Denn was bedeutet für Döblin Erkennen? Wollen, Fühlen, Planen, Eingreifen! Der kriegerische Geruch ist nicht für sich allein da – der Geruch nach Mord, Blut, Krankheit, Schweiß, Irrsinn –, sondern zugleich gibt es das diesen Geruch wahrnehmende feststellende Seelenwesen, so wie zum Duft der Blumen der Riechende gehört. Es gibt keine Zweiheit, die, summarisch vergrößert, heißen würde: hier der Klotz Materie, dort der Schemen Gott (s. das Naturbuch). Vielleicht darf man auch aus diesem Buche der finsteren, höllischen, stählernen Energien die Erkenntnis ablesen: die Lust überwiegt unendlich das Leid. Lust an sich ist das Dasein, die Bewegung, Atmen, Sehen, Hören, triumphierend noch in Schrecknis, Vernichtung und Untergang.

Wo viel Welt ist, da ist auch immer ein dichterisches Fest der Welt. Nirgends in den bisher durchgegangenen Werken Döblins war die gestaute Fülle so bestürzend groß wie in diesem Wallenstein. Vorbereitungen zu so breit gestaffeltem chorischen Vorüberzuge der Massen finden sich freilich schon früher immer wieder und wieder; nicht allein im Wang-lun, wo neben dem Bunde der Wu-wei der Bund der »Gebrochenen Melone«, der Sucher des westlichen Paradieses, ferner politische, berufliche, militärische Verbände auftreten. Wie eine Vorbereitung auf den Wallenstein wirkt die Novelle ›Die Schlacht! Die Schlacht!‹, eine hundertfältige Szenerie aus dem europäischen Kriege 1914 bis 1918, etwas wie eine hastige, kleine, aber ungemein reich instrumentierte Symphonie des Krieges mit den Leitmotiven: Louis Poinsignon ist tot, und Armand Mercier geht seinen Freund Louis suchen. Die drei Szenen ›Lusitania‹, geschrieben 1919, leben ebenfalls ganz im chorischen Element: Passagiere, Meergeschöpfe, Schiffbrüchige erscheinen zur Vielzahl verbunden. Im ›Wallenstein‹ aber ist Döblin zum souveränen Organisator der Massen geworden.

Massenhaft ist hier der Aufmarsch der Nationen, der Heereskörper, der Ortschaften, der Waffen, der Fahrzeuge; geschart sind die Gemeinschaften, die böhmischen Brüder, die Juden im Ghetto. Massenhaft ist der Strom des Geldes aus der Münze und in den Krieg; wir sehen das Gewimmel der Münzknechte vor den Muffelöfen, die Reihe der eisernen Schmelztiegel, die Graphitstangen, die Stäbe zum Rühren der Schmelzmassen, die hölzernen Beizfässer in Regimentern nebeneinander, die kochenden Säuren, die stechenden Dämpfe, die Zink- und Kupferkästen, das ins Land fließende Silber. Erdrückend wirkt schon die Wucht der Namen aus dem Arsenal: Kugeln, Pieken, Musketen, Granaten, Petarden, Lunte, Ladungskapseln und so fort, unabsehbar. Massenhaft sind die Herren und Knechte dieser Munition beisammen: »Konstabler Schneller Schanzbauern Granatiere Minatoren Bergknappen Pantoniere Petardiere.« Bei solchen Begriffshäufungen kommt es auf die Personen nicht an, sondern auf die

Chargen. Ebenso durchqueren wir die armee-
gleichen Aufgebote zur Unterdrückung, zur Er-
pressung, den Marsch der Würden und Titel der
Edlen, der unflätigen Werke des Teufels, welcher
mit einem knallenden Schnalzer hundert Ver-
dammte schluckt, sie in Schlund und Magen
herumwirbelt und in Sudel, Wust und Lauge
wühlen läßt, sie wieder auswürgt und es zehn-
und zwanzigmal wiederholt. Massenhaft stecken
selbst die Köpfe der Hingerichteten auf Spie-
ßen vor dem Stadttor, etwas massenhaft um
sich Fressendes hat sogar der Krankheitszu-
stand Wallensteins, welchen man den »Schiefer«
nannte: Wallensteins Augen sind tiefrot, sein
Gesicht tiefblaß. Seine Umgebung muß auf
Pantoffeln gehen, er brüllt, wenn er Sporenklang
oder Hundegekläff vernimmt, er schleudert Be-
cher und Gläser, er fällt Unbedachte mit Peitsche und Degen an. Zwanzig Jäger erschlagen
die bellenden Hunde, würgen die krähenden
Hähne, die Straßen liegen voll Stroh.

Das Kollektive erfüllt die zahlreichen Dialoge, wenn auch oft unsichtbar und niemals
quantitativ. In ihnen sprechen nicht Staatsper-
sonen zueinander, sondern der Staat spricht, be-
fiehlt, windet sich, lügt, reckt sich auf, krümmt

sich zusammen. Es brüllt der Krieg darin – oft mit verhalten höflichen Menschenstimmen.

Wir finden auch zeremonielle und repräsentative Ansammlungen ohne alle Vordringlichkeit des Menschlichen. Aber ist das Menschliche bei solchen Gelegenheiten nicht immer hinter feierlicher Maskerade verborgen? Der einzelne ist hier gesichtslos, aber die Masse hat ein ungeheures Gesicht. War nicht in den kriegerischen und nachkriegerischen Erscheinungen, die wir alle erlebt haben, der Massenzustand Rübenzeit, das Kollektivungeheuer Inflation ebenso wirklich, ebenso entscheidend, ebenso das Leben bestimmend, wie der private Anteil des Einzelmenschen daran? Und war das etwas Addiertes oder gar Multipliziertes und nicht vielmehr wieder eine Einheit? Es war vom Zuzug oder Abzug etlicher hundert Teilnehmer unabhängig.

VI

TAUSENDFUSS TAUSENDARM
TAUSENDKOPF TAUSENDGEIST NATUR

Im Jahre 1924 ist das Roman-Epos ›Berge Meere und Giganten‹ erschienen. Wo im Leben Döblins sich die ersten, noch instinkthaften Regungen seiner Entstehung gesammelt und genährt haben, wer will es erkennen? Soviel ist deutlich, daß sie aus sehr tiefen Schichten heraufdringen und aus allen wesentlichen Etappen der Arbeit des Dichters Erweckungen und Erfahrungen mitnahmen. Das Exakte und völlig Unbelletristische an seinen chemischen, biologischen, physikalischen Visionen deutet auf die naturwissenschaftlichen Studien des jungen Mediziners und Philosophen zurück, die Darstellung kühnster technischer Kontruktionen scheint in den Vorarbeiten zu dem Maschinenroman ›Wadzeks Kampf‹ vorbereitet, die Dämonien in Menschenmassen, die kriegerischen Aktionen der Völker wirken wie letzte Folgerungen aus den kollektiven Würfen Wang-lun und Wallenstein. Scheinbar Zufälliges, Abseitiges, Privates im Werden des Dichters schießt nach Jahrzehnten des Wartens zu genialer und notwendiger Einheit zusammen, als wäre es von Anbeginn Plan und Vorsatz gewesen.

Das dem Dichter *bewußt* werdende Wachstum seines tellurischen Gesanges von den Bergen, Meeren und Giganten begann während der Beendigung des Wallenstein. Döblin sah Anfang 1919 in einer Straße Berlins ein paar schwarze Baumstämme: von diesem Anblick ließ er sich zwingen, seinen Kaiser Ferdinand der allbeginnenden, allbeendenden Natur anheimzugeben. Später, im Sommer 1921, rührte ihn der Anblick einiger Steine, gewöhnlichen Gerölls, am Ostseestrande magisch an, er nahm Sand und Steine mit sich nach Hause. »Es bewegte sich etwas in mir, um mich.« Wir denken an den Tempel, den wir eingangs erwähnten. Das bewegte Staunen hielt an, durchdrang seine noch ziellosen Beschäftigungen mit jahrelang nicht mehr betriebenen Naturwissenschaften. Er befaßte sich mit Biologie, Astronomie, Geologie, exzerpierte sogar Arbeiten über Ameisen. Schon übte das unsichtbar starke Werk seinen Zwang: er konnte die damals entstandenen Aufsätze über das Wasser, über die vielen Seelen in der Natur, über Gotamo Buddho – diesen vollkommen Erwachten, im Urwissen vom Weltsinn heiter

Strahlenden – nicht in einer Druckschrift zusammenfassen, weil er spürte, alles das war Vorzustand, Vorform einer künftigen gewaltigen Form und Erfüllung. Eine Tasse mit Kaffee, in dem sich ein wenig Zucker löste und verschwand, wurde ihm zum stummen spukhaften Symbol für das, was in den wilden, die Kontinente verwandelnden Explosionen der ›Berge Meere und Giganten‹ vor sich geht. Er lebte monatelang in einer solchen Überwältigung, daß er einen aktiven Widerstand gegen das Geschehenlassen und Zuschauen brauchte. Er begann zu schreiben, probeweise: er fuhr mit dem Neger Mutumbo hinaus in ein von der Weltgeschichte noch unerreichtes Vakuum. Um den Anfang des Jahres 1922 riß er geographischen Stoff an sich aus Büchern und Atlanten der Bibliotheken, besuchte das Meeres- und Naturkundemuseum, machte sich eine Weile von seiner ärztlichen Berufsarbeit frei, trieb Mineralogie, Petrographie, Geologie, Seismographie, Vulkankunde, zeichnete Spezialkarten von Island. Unterweilen wuchs das Buch vom Tausendfuß, Tausendarm, Tausendkopf, Tausendgeist Natur in seine Gestalt. Wollte er sich anfangs durch Arbeit von dem umklammernden Kraken des Weltwesens

freischaffen, so war es ihm ergangen wie den ersten Umseglern des Planeten: er war an den
Ausgang zurückgekehrt, doch hatte der ver-
meintliche Feind sich in etwas Anbetungswürdi-
ges verwandelt. Es löste sich in ihm ein Bekenntnis, »ein besänftigender und feiernder Gesang
auf die großen Muttergewalten.«

Aber hart und unheimlich hebt das Werk an,
unerbittlich konsequent wie ein Kaskadensturz
rast und dröhnt unser Zeitalter der gehirnlichen
Geschicklichkeit, des Kombinationsfiebers, der
technischen Erfindungen hinaus ins unbekannte
Gebiet der Zeitentiefe, bis alle Möglichkeiten
ausgeweidet, abgelaufen scheinen. Leser und
Kritiker, die sich manchmal als ertaubt und er-
blindet von der Neuheit und Überzahl der Gesichte bekannten, haben nicht gewagt, Döblins
Apokalypse mit der Literatur der utopistischen
Unterhaltung in eine Reihe zu stellen; manchmal witterten sie etwas für die Ahnungslosigkeit
Gefährliches, etwas zur Verzweiflung Auffor-
derndes. Es sei auch dies als eine positive Wirkung unwiderstehlich fortreißender neuer Dich-
termacht registriert und gewertet. Doch die not-
wendigen Untergänge sterbensreifer Kulturen
reizen Döblin nur als Phasen dessen, was nicht

untergehen kann, was im Wechsel der Erscheinungen Bestand hat.

Er sieht den westlichen Völkerkreis unter ein Imperium London–Neuyork gekommen. Die Vollkommenheit der Technik hat die Entfernungen bedeutungslos gemacht, also auch die Sprachen und Rassen vermengt, sie hat die Regierungen und ihr Militär in die Abhängigkeit der überlegenen industriellen Gruppen gezwungen, sie hat allgemeinen Wohlstand und allgemeine Trägheit zur Folge. Die Metropolen, alle Lebenssäfte der Länder aufsaugend, quellen zu unförmigen Stadtschaften an. In ihrem System bildet sich eine Herrenkaste der Wissenden, der bevorzugt Unterrichteten, und eine neue Sklaverei heraus. Härte, Grausamkeit und Haß zeigen die Gefahr für die ganze menschliche Zivilisation an. Zur Krise drängt die maschinelle Übersteigerung in Licht-, Wohnungs-, Kleidungsstädten, die verödende Daseinsfristung durch künstliche Lebensmittelsynthese. Die ungesund beschäftigten Menschenenergien suchen sich nach außen zu entladen: im Uralischen Kriege, dem furchtbarsten, der auf Erden getobt hat. »Flamme neben Flamme wie die Blockzähne der großen Egge, über Wiesen

Ackerboden, zwischen Dörfern Landstraßen, vom Toten Meer zum Ladogasee Cherson Poltawa Mohilew Pskow Waldai. Den gleichen wolkenbezogenen Himmel angrellend Tag und Nacht, ihn rüttelnd erschütternd zu Donner und Widerdonner. Menschen Häuser Steine Hügel Tiere Wälder restlos zerklafternd aufhebend hochwerfend verschüttend, Flußtäler zerreißend ausfüllend.« Es ist nur ein kurzer Blick durch einen Spalt der Hölle, den wir in diesen Sätzen tun.

Die östliche Welt wirft die Westler zurück, der Uralische Krieg bringt keine Entscheidung.

Die Not des Abendlandes hat keinen Ausweg gefunden, die Gärung wächst. Halb barbarische Reiche richten sich auf, das erste in der Mark Brandenburg. Für die schüttelnden Stöße und Rückstöße der im mechanisierten Abendlande Eingeschlossenen bleibt der Raum zu eng, und so reift das prometheische Unternehmen der Enteisung Grönlands heran. Eine bis zum Aberwitz findige und gewaltige Technik stellt sich den größten Elementarmächten zum Kampf. Die Vulkane Islands werden gesprengt. Mit den unvorstellbaren Hitzemengen der geborstenen Berge werden Kristallgespinste, Turmalinschleier, gespeist, diese liegen auf Ölwolken, die große Flotten über das vereiste Grönland getrieben haben. Unter der lebenerweckenden Wärme taut das vergletscherte Land vollständig auf. Aber nicht nur ein strahlendes neues Paradies enttaucht dem Meere, sondern es beleben sich auch die Keime vorzeitlicher Ungeheuer, Heere von Vogelechsen, Kriechtiere wie wandelnde Berge, massige Saurier überschwemmen das Abendland mit Verderben und Tod. Ihnen treten gigantische Homunculi entgegen, titanische Züchtungen und Übersteigerungen der Menschenart, doch auch diese Riesen mit stierwilden Gehirnen werden zur Gefahr der natürlichen Menschheit. Die Epoche der irdischen Kolosse endet wie eine Krankheit. Die Natur aber hat die ihr gemäße und für ihre Selbstdarstellung notwendige Menschengattung nicht ausgerottet, sie sendet einen neuen Typ aus ihrem Schoß. »Wir haben die Kraft, das wirkliche Wissen, und die Demut. Wir sind reicher und stärker geworden. Wir sind die wirklichen Giganten. Wir sind es, die durch den Uralischen Krieg und Grönland gegangen sind. Und wir, wir sind nicht erlegen, Diuwa.« Ströme, Wälder und Urwälder, Boden, Wasser und Luft, Vulkanausbrüche und Überschwemmungen, Brautkampf, Geburt, Tod – sie hatten die Menschen wieder. Ihre Scharen »hielten sich aneinander fest, schwanden tränend hin, Schwall über Schwall, Mutter und Kind Mutter und Kind, Geliebter und Geliebte. Und immer sehnsüchtig die Gase der Luft in die Lungenbläschen hinein, an die kleinen Zellen, die Kerne, das weiche Protoplasma, immer angezogen und weitergegeben. Und wenn die Herzen stillstanden, die Zellen sich trennten und auflösten, waren sie neue Seelen, zerfallendes Eiweiß Ammoniak Aminosäuren Kohlensäure und Wasser, Wasser, das sich in Dampf verwandelte. Leid- und lustbegierig, wanderungssüchtig, Seelenvereine in Schneelandschaften, in dem pendelnden weiten Meer, in den blasenden Stürmen, den Steinvölkern, die der Boden zu Bergen hochtrieb.«

Damit hat Döblin die zukünftigen Völker heimgebracht in die Welt, in der er, wie wir eingangs zeigten, immer siedelt. Seine Magie wollte keinen Traum der Ewigkeit, sondern ihre Wirklichkeit. Seine Phantasie geht keine somnambulen Wege, sondern sie bleibt unbestechlich noch im Schrankenlosen. Was in dem Werke flammt und tost, ist nicht prosaisch und poetisch, es ist Äuße-

185

rung der Wahrheiten Wasser, Feuer, chemische Reaktion. Wasser ist gleichen Wesens im Fingerhut und im Ozean, Feuer am Zündholz und an der Fixsternsonne. Die Sprengung der Vulkane, die Enteisung eines vergletscherten Kontinents sind darum nicht überhebliche Visionen, sondern sie sind Scheinwerferprojektionen wirklicher Tatsachen. Die Natur usurpiert nichts und kann daher nicht zusammenbrechen, nur die Technik ist ein Usurpator, der stürzen muß. Die Konstruktion der Göttlichkeit ist eine schlechte Konstruktion, denn die Urmacht *ist* bereits konstruiert, sie bewegt sich nicht in den anthropozentrischen Begriffen Entwicklung und Rückbildung. Ist die Natur eine Sphinx, so schweigt sie doch nicht, nur unsere Augen sind meist blind, unsere Ohren taub. Döblins Phantasmagorie ist der Versuch, festzuhalten, was die Sphinx offenbart, heute wie dereinst, wenn Millionen von Morgenröten geleuchtet haben werden.

Die Sprachen sind verschieden, der Sinn ist identisch hier in dem brausenden Gigantenbuche und dort in dem leise betrachtenden ›Das Ich über der Natur‹.

VII

DAS ICH ÜBER DER NATUR: MANAS

Erdballnation; Erdballnatur – das waren die beiden Schlachtphalangen im Gigentenbuche. Das Ich des Menschen *über* der Natur singt das ungeheure Gedicht von Manas. Das ist Mythos, vom ersten Wort an schweben wir im Flügelschwunge mythischen Taktschlages. »Stürme rissen die schweren Wolken hin und hinunter, von den östlichen Eishäuptern des Himalaya.«

Der Hergang des Grundereignisses in ›Manas‹ ist bei aller überwältigenden Fülle der Erfindung an Szenen, Gestalten, tiefsinnigen Charakterzügen für Götter, Dämonen, Menschen, Tiere von einer überwältigenden Einfachheit. Während das Chaos der leidenschaftlichsten wildesten Gewalten in Natur und Seele braust, ersteht schon nach großem Gesetz die uralt klare Weltordnung. Sie heißt: All-Schmerz, gelohnt und besiegt durch All-Erkenntnis; sie heißt: Liebe, Leben und Tod verbrennend im Glauben und durch Tatkraft. Die Urbegriffe erloten ihre gemeinsame Urtiefe. Sie umklammern über den Schicksalen das Schicksal, sie haften unter dem Irrwald der Erscheinungen im

Wesen. Döblins Größe ist es, für das Maßlose das Maß zu suchen. Er singt die Macht der Seele, die in menschlicher Hülle zur Allmacht wird. Schmerz und Liebe und ihre Komplemente Wissen und Erfüllung sind in seinen Helden so unbändige Energien, daß die Schranken des eigenen Körpers weichen und den Wust der Widersacher und Widerstände zu kosmischer Dienstbarkeit einlassen. Dazu schuf er sich eine ergreifende Fabel.

Der Feldherr Manas, von aller Freude, allem Glanz eines indischen Fürsten umgeben, ist als Schlachtensieger heimgekehrt und soll sein Ehrenfest feiern. Aber er steht, während der Regen strömt und seufzt, am Fenster des Gartensaals und sieht in seinem Innern die Seele des von ihm erschlagenen Feindes entfliehen. Er fühlt als zerreißendes Leid: Wen ich da erschlug, das bin ich selbst. Ungeheure Fragen sind in ihn eingebrochen, daß er hungert, die Sonne nicht sehen mag, und unter dem Boden, auf dem er geht, wogt ihm ein Meer, wütet ihm ein Feuer. Was ist das Leben? Was ist der Tod? Was ist die Seele? – Alles Dasein strömt ihm in der gemeinsamen Wirklichkeit des Schmerzes zusammen. So muß er denn diese Wirklichkeit bis zu ihrem äußersten Rande erschöpfen, um sie zu wissen. Wo leiden die Seelen, wenn sie das Leben ausgelitten haben, den entkörperten, nackten, reinen Schmerz weiter? Auf dem Totenfelde am Abhange des Himalayagebirges! Dorthin muß ihn sein Lehrer Puto, ein weiser Yoghi, führen. Und die Seelen, deren Scharen als machtlose Nebelwolken im Bergsturm schweben, saugen sich an ihn, den Lebendigen, um in seinem Blute ihr unveränderlich gewordenes Geschick wieder zeitlich werden zu lassen. Er tut sich den Qualen weit auf und duldet in sich aus, was die Menschen vor ihm und neben ihm geduldet haben, in seiner Kraft des Ertragens fast nicht mehr ein Einzelner, fast schon die Menschheit. Da bricht er im Übermaß der Foltern bewußtlos zusammen. Drei hämische Teufel, Schanda, Munda, Nischumba, schlüpfen in seinen Körper. Puto glaubt, sein Schüler sei tot, und will die Dämonen, die sich seiner Hülle bemächtigt haben, erschlagen; aber er tötet Manas, die Dämonen entwischen. Der Leichnam wird nach der Heimatstadt Udaipur gebracht und verbrannt. Aber Sawitri, die Lieblingsfrau des Manas, kann an den Tod des Geliebten nicht glauben. Der Verbrannte ist ihr ein falscher Manas – Manas war ihr Leben, und sie lebt ja. Sie bricht nach dem Totenfelde auf, dringt durch gigantische Gefahren und Schrecken in magischer Sicherheit ihrer Sehnsucht zu ihm und erzwingt durch ihre Umarmung seine Wiedergeburt. Sie brauchen einander nun nicht mehr als leibliche Gatten, denn wie Manas als Mann, so ist Sawitri als Weib über die Grenzen des Einzelmenschen bis zur Verkörperung der Menschheit emporgewachsen. Sie leben ineinander und können das Verlöschen des Sinns, den sie errungen haben, des Sinns der unabhängigen, dauernden Natur selber, nicht mehr wollen. Sawitri wird, was sie vor ihrem Erdenwandel war, eine Göttin, und kehrt zu den Himmlischen heim; Manas lebt auf Erden weiter, ein durch letztes Wissen freier Übermensch – ein Übergott: denn die indischen Götter sind nur Herren der vorbeiwandelnden Weltphantasmagorie, er aber hat die Synthese dieser Phantasmagorie erfahren. Sie üben Gewalt von Fall zu Fall, er ist die währende Kraft. Ihm ist der Widerspruch des Aktiven und Passiven aufgehoben in seiner Daseinsmusik; Musik ist unmittelbare Wirklichkeit, Götter sind nur Gleichnisse dieser Musik. Darum bändigt er jene drei Dämonen des Totenfeldes in seinen Dienst, verjagt andere, besiegt den Elefanten-Ratten-Gott Ganescha und selbst Schiwa, den obersten der Götter. Seine Mitmenschen jedoch sucht er aufzurütteln: schon im Leben seien sie Schatten auf dem Totenfelde, es sei kein Unterschied zwischen hüben und drüben. Sein Zorn trifft die Bequemen, die Sklaven und Gefangenen. Und seine Freude grüßt den einsamen durchschauenden Dichter.

Ahnt man die geistige Fallhöhe der Ereignisse, das Faustische der tätigen Leidenschaften? Wischt man alle Auslegung weg, so bleibt der schlichte Umriß: Auszug, Tod, Wiedergeburt und Heimkehr des Manas, – Auszug, Hilfe und Verklärung der Sawitri. Döblin führt uns also den weiten Weg von Hause bis ans Ende der Welten, den Weg vom Diesseits ins höllische und himmlische Jenseits. Und er erzählt uns dabei die Abenteuer, die an diesem Wege liegen. Das ist eine Konzeption nach der Art der dichterischen Hauptwerke aller Völker. Sie lieben keine taschenspielerische Verknüpfung und Verkreuzung der Vorgänge, keine verqueren Hinterhalte des Schicksals, keine rechnerische Spannung der Motive, welche die Charaktere zu stolzer Parade und Bewährung zwingen sollen. Alles

Geschehen liegt offen und glaubwürdig da. Es scheint nicht darauf zu warten, daß ein Zuschauer komme und es betrachte oder gar seine Probleme daran löse. Aber einmal wird doch einer verschlagen oder getrieben, all das weiträumig Hingestreute aufzusuchen, hindurchzugehen, es zu erleben. Dabei wächst er, obwohl er seine Menschengröße behält, zum Riesen, zum Muster der Menschen. Manas zieht aus, den Schmerz zu suchen – am Ende hat er das Weltall erfahren, und wie weit es sich auch dehne, es ist noch immer ein Stück Körper seiner Seele. Energie ist ihre Substanz. So erleben wir denn wieder, wie im Wallenstein, nur inniger vertieft, den Mythos der größten Energien. Sie schweifen und wogen in den Elementen, sie sind individuell gebunden und gehäuft, sie schlafen den Scheintod in den Schatten, sie erschaffen dem Übersinnlichen eine sinnliche Anschaubarkeit. Sie stürmen und schneien, sie weinen, krähen und brüllen. Sie quellen auf zu Kobolden und Götzen. Heißen sie Krankheit und Verderben, so erschaffen sie Kali, die Mutter der Pestilenz, heißen sie Sehnsucht, so stürzen sie etwa den seligen Geist Parikschi mit seiner sterblichen Freundin in den Brunnen, heißen sie Liebe, so fahren sie vielleicht in Danu und Dakscha im brennenden Wagen durch die Unterwelt für die Ewigkeit. Sie werden zweihundert Jahre alt in dem Menschenfresser Lal Gulam, sterben früh wie in jenem Hirtenbuben, der, des Diebstahls verdächtigt, geschlagen, angebunden, langsam in einem Stalle verdursten mußte. Aber zugleich dauern sie immer, gieren auf dem Totenfelde nach neuer Verleiblichung.

Aus Döblins früheren Büchern hallen in uns die Symphonien der dringenden unerbittlichen Massenkräfte. In dichten Kolonnen wuchteten die Tatsachen heran, drängend und gedrängt, geladen von ihrer kollektiven Idee. Die neue Dichtung nun stellt dem Kollektiven überall das Persönliche gleichberechtigt gegenüber. Da schon jenes kolossalisch ist, so verlangt dieses eine großartige Deutlichkeit und Entschiedenheit. Jenes kristallisiert in strahlenden, furchtbaren, üppig grotesken Sagen, Mythen und Märchen – der Bezirk der Götter und Dämonen –, dieses antwortet mit Menschen voll heroischer Intuition und Tat. Daraus ergibt sich die Erhebung der Erzählung zum Epos. Sie klingt in erhabenerem, gesanghafterem Ton als die voraufgehenden Dichtungen Döblins: hier sind Seelen, die selber klingen und außerdem den berauschenden Klang der Welt vernehmen. Dennoch ist die reale Festigkeit und eindeutige Gegenständlichkeit nicht erweicht. Alles bedeutet scharf und knapp nur sich selbst. Keine Zaubergestalt ist zu entzaubern und übersetzen, durch kein Märchen läßt sich durchgreifen auf etwas, was sich vielleicht außerhalb der Erscheinung auf dem Grunde verbärge, nichts Handfestes ist in einen Gedanken zu verdünnen. Wir vertrauen, weil keine Unwahrscheinlichkeit in allen Wundern uns verwirrt, keine von außen schiebende Hand uns aus dem Banne schreckt.

Wir fühlen uns von Anfang an aufgenommen in die Welt des Manas, so sehr wirkt eine einheitliche Schwerkraft durch ihre Dinge. Die ungeheure visionäre Ballung darin ist selbstherrlich, sie ist die Natur dieses Indiens. Die Sprache bildet rhythmische Komplexe von wechselnder Atemlänge. Sie steigert sich, ein wandelbares Maß der Gesichte, die sie zu meistern hat, von trockener, stockender Prosa bis zum Schwunge des hymnisch trunkenen Verses. Sie weiß das Dröhnen der höchsten Berge der Erde, die seit Urzeiten um das Totenfeld stehen, sie weiß den Gesang der Stürme, Ströme, Meere, sie weiß die

Dürre der Steppen und Sandwüsten, sie versteht die Laute des alten Bobaums und der grünen Papageien, sie kennt den Flug der blutleckenden Kahlkopfgeier, der fliegenden Hunde und Wunderpanther, sie schwingt sich im Tanze Schiwas über den Gletschern, Schiwas, des dreiäugigen Gottes mit den züngelnden Kobraschlangen am Haupt und der Schädelkette am blauen Halse, des Glühers, des süßen Sterbensgottes, des Zermalmungsgottes, und sie schlägt den Schlag der großen Menschenherzen. Unerschüttert, gebirgig fest und ragend bleibt sie in der genialen Erschütterung, und das unersättliche Weinen der Kreatur löscht den welterleuchtenden Blitz der Seele nicht aus.

VIII

ZUSAMMENFASSUNG

Nach alledem fragen wir nicht mehr:

Warum begibt sich Döblin um Jahrhunderte in die Vergangenheit zurück, in ›Wallenstein‹, ›Wang-lun‹, ›Manas‹? Warum begibt er sich in ›Berge Meere und Giganten‹ ein Jahrtausend weit in die Zukunft hinaus? Wir wissen: Es ist keine Abkehr von der Gegenwart, keine Flucht in Zeiten, die er von unserer Zeit auch nur unterschiede. Sondern Vergangenheit und Zukunft bedeuten für seinen Blick ein Gegenüber der Welt wie irgendein Heutiges und Nahes. Alle Figuren und Ereignisse dieser einigen Welt bauen sich für immer aus den gleichen Grundwesen auf: alle Organismen sind gezwungen, diese Wesen, die Wärme, die Gase, die Salze, die Säuren in sich zu nehmen, in sich zu haben, auszuscheiden; ohne sie, neben ihnen existieren sie nicht. Döblin will das private individuelle Menschen-Ich nicht so überzart hüten und schützen, daß ihm darüber die ungeheure Welt mit ihrem Orkan des Lebens versänke, der doch unablässig das arme Ich durchspült und in seinen Wandlungen duldet wie jede andere Gruppierung.

Alles Körperliche ist ihm ja ein Geistiges, und die Zeit gilt ihm nur als Organ des Geistigen, durch das es sich für uns faßbar darstellt. Die *Herkunft* der Dinge erregt kein Ohr und Auge, sondern allein ihr *Dasein* erregt. Ohr und Auge und alle anderen Denkorgane befragen das Dasein nach Plan und Sinn, nicht nach ihrer Uhrzeit. Entwicklung als ablösbare metaphysische Idee gibt es nicht. Die Frage: Warum? Und: Seit wann? findet keine Antwort als das

Dasein. »Man muß setzen an die Stelle der Zeit, der chaotisch ausflutenden Historie den Zusammenhang – die Augenblicklichkeit, Unzeitlichkeit des Sinns.« Oder: »Ich – strahle Unendlichkeit um mich. Nein, besser: Etwas Ichhaftes strahlt die Unendlichkeit um mich, denn mein Ich ist selbst in der Zeit. Ich bin nicht von der Ewigkeit auf diesen Jetztpunkt hergeschleudert, sondern ich bin da, und es ist etwas in dem Dasein, was nichts mit Zeitlichkeit zu tun hat.« Vergeblich wird man rückwärts einen Anfang, vorwärts ein Ende suchen, weil es Anfang und Ende nicht gibt. Die imaginären Grenzen der Zeit und des Raumes haben von all den Milliarden organischer Wesen, die es je gab und geben wird, den gleichen Abstand, und ist der zeiträumliche Ablauf kein Irrtum, keine Täuschung, so nur dann nicht, wenn man ihn nicht als menschliche Anschauungsform isoliert, sondern ihn als die Darstellungsform eines allgemeinen, eines universellen Ur-Ichs nimmt.

In diesem Ur-Ich wühlt, schäumt, strahlt, flutet das Leben. Döblins Helden, so ungeheures Format sie oft haben, sind eingelassen in das Anonyme, in seine Komplexe, in gleichartige Wesenheiten. Es schießen um sie die Massen zusammen, sie werden zu Exponenten der Energien, die mehr sind als die Personen, die sie tragen, in denen sie sich bewegen. An ›Manas‹ heften sich so die zahllosen Schatten des Totenfeldes und saugen an seinem überwachen Leben, um selbst zum Leben zu erwachen.

In ›Berge Meere und Giganten‹ benennen schon die Worte des Titels die Hauptdarsteller auf der erdenweiten Bühne: künstlich komponierte, aus der Wissenschaft von der Natur komponierte Riesen, Klumpen der menschlichen Lebenskraft, ferner die Riesen Feuer und Eis. Der Roman ›Wadzek‹ nach seinem ursprünglichen Plane deutet auf einen Kampf des Organischen mit dem Organisierten.

Was bleibt nun angesichts der Döblinschen Kunst vom Begriff des herkömmlichen historischen Romans übrig? Nichts!

Wir fassen zusammen, in engem Anschluß an Döblins Naturbuch: Die großen monotonen Massenwesen Meer, Luft, Licht, Strahlung, Dunkelheit – lassen Döblin an die Abermillionen Zellen in unserem Fleische, in den Knochen, im Blute denken. Ihre Heerscharen sind arbeitende, dienende Völker, flutend, wogend, als Wahrheiten die Weltwahrheit austauschend.

Auch die Formen der Organismen und Individuen fließen, sie rinnen aus der Welt zusammen, lösen sich in die Welt zurück, ohne Dauer oder gar Unsterblichkeit und Ewigkeit. Ich und Erscheinungen, miteinander gegeben, bilden ein untrennbares Urfaktum. In unser Ich dringt ein und in ihm lebt: Wasser, Salz, Eiweiß der Welt; die verbreitern unsere scheinbare Geschlossenheit in die Welt. Wir haben Meere, Berge, Wüsten, Stürme in uns, wie diese etwas von uns in sich haben. Das viele Ich, das nicht persönlich ist, sondern anonym, bleibt unzerstörbar.

Fast grausig ist alles aneinander gebunden. Der Einzelkörper bleibt überhaupt nicht real, geschweige denn der Einzelorganismus. Wer könnte einen Menschen fassen ohne Nebenmenschen, ohne Eltern, ohne die Luft, die er atmet, ohne Speise und Trank, die er in sich nimmt? Die Organe haben ja nur den Sinn, seine Abhängigkeit von dem allen ununterbrochen zu bestätigen, sie sind auf die Verbindung, das Packen, Ergreifen, Verarbeiten angewiesen. Und die Erde für sich selbst ist ebenso unreal; ohne die Sonne ist sie undenkbar, hört sie auf, zu sein. Und die Sonne ohne die höheren Systeme der Milchstraßen ebenso. Doch ohne ein jedes Einzelexemplar wiederum wäre die Weltgesamtheit unreal. So ist die Welt weder unendlich noch endlich, weder unfrei noch frei.

Solche Gedanken sind möglicherweise philosophisch des öfteren gefunden und gefügt worden. Wo aber sind die Künstler, die sie gleich Döblin in funkelnden Lebensgestalten durch die Welt sandten?

JOCHEN MEYER

Nach siebzig Jahren

Die zahlreichen autobiographischen Texte Alfred
Döblins (1878–1957) wurden erst nach seinem Tode
gesammelt und um nachgelassene Aufzeichnungen
ergänzt.[1] Die große Werkausgabe des Walter-Verlages
hat den Bestand weiter vermehrt und die kritisch
überprüften Texte durch Nachweise und Kommen-
tare erschlossen.[2] Unter Döblins autobiographischen
Schriften ragen drei hervor: das Buch ›Schicksals-
reise. Bericht und Bekenntnis‹ (1949), das war ein
»Bericht« über die Flucht 1940 aus dem besetzten
Frankreich in die USA und über die Rückkehr nach

---

[1] Autobiographische Schriften und letzte Aufzeichnungen.
Hrsg. von Edgar Pässler. Olten und Freiburg i. Br. 1977.
618 S. (Im Rahmen der siebenbändigen Jubiläums-Sonder-
ausgabe zum 100. Geburtstag des Dichters.)

[2] Ausgewählte Werke in Einzelbänden. Begründet von
Walter Muschg. Weitergeführt von Heinz Graber. Hrsg.
von Anthony W. Riley. Olten und Freiburg i. Br. 1960 ff.
Hier v. a.: Schriften zu Leben und Werk. Hrsg. von Erich
Kleinschmidt. 1986. 795 S.

Deutschland 1945 und das »Bekenntnis« des Exilierten zum Katholizismus; die unter dem Titel ›Journal 1952/53‹ veröffentlichten nachgelassenen späten Aufzeichnungen; endlich der hier siebzig Jahre nach seinem Erscheinen zum erstenmal wieder selbständig und mit dem begleitenden Essay von Oskar Loerke vorgelegte ›Erste Rückblick‹.

Drei Söhne Döblins waren damals im Schulalter, und der Vater fühlte sich auch als Elternvertreter immer wieder angeregt, zu Schulfragen und zum Schulalltag öffentlich Stellung zu nehmen. So polemisierte er in der ›Weltbühne‹ vom 24. Mai 1927 ›Wider die abgelebte Simultanschule‹: »die ›Simultanschule‹ in Preußen, die Schule in der Hand der ›Fachlehrer‹, der ›neutralen Pädagogen‹, ein Ministerium auf jedem Katheder, das Zarentum der Subalternen.« Was lag da näher als das Exempel der eigenen Erfahrungen: »Wir beteten evangelisch, dann zogen wir, mehr oder weniger jüdisch, katholisch oder gar nichts, in den entsprechenden allein seligmachenden Spezial-Religionsunterricht. Dann kam Deutsch. Wir lasen Tasso, Iphigenie und da waren wir neuheidnisch. Dadurch in keiner Weise befleckt und entwürdigt, stürzten wir uns in die Physikstunde. Da saß nun auf dem Katheder ein Mann, der nicht einmal den Begriff ›Kraft‹ duldete, weil das an überirdische Mächte erinnere. Es kamen Häckelsche Gedanken(stuhl)gänge, – Turnen zwischendurch: das allein seligmachende Preußentum, die Monarchie und Zollern über alles, Wotan im Hintergrund. Gesangstunde,

Chorstunde: frisch nach Häckel die ›Schöpfung‹ von Haydn, oder Gesänge, die ›bloß schön‹ waren. Wir waren aber jung, unverdorben und merkten gar nichts ..., da wir 10 Jahre vollauf beschäftigt waren mit dem Versetztwerden und dem heroischen Rebellen- und Makkabäerkampf gegen die Machthaber auf dem Katheder.« An diesem Punkt hatte Döblin endgültig die schulpolitischen Tagesfragen aus den Augen verloren: »Mein Haß gegen sie [die Katheder-Diktatoren der eigenen Schulzeit am Köllnischen Gymnasium in Berlin 1891–1900] wird unauslöschlich sein! Wenn ich einmal dazu komme, mir meine Biographie vom Leibe zu schreiben, werde ich ihre Gesichter zeichnen: ... das Zarentum der Subalternen.«

Es kam schon bald dazu, vielleicht weil sich der S. Fischer Verlag zum 50. Geburtstag Döblins am 10. August des nächsten Jahres eine Selbstvorstellung dieses Autors wünschte, dessen Verkaufserfolg seinem literarischen Ansehen damals noch gar nicht entsprach. Jedenfalls konnte das August-Heft 1928 der Zeitschrift des Verlages, ›Die Neue Rundschau‹, mit zwei gewichtigen Erstdrucken aufwarten – den Erzählungen ›Berlin Alexanderplatz‹ (wer ahnte damals, was daraus werden sollte) und ›Mißglückte Metamorphose. Ein Schülerselbstmord‹ –, mit der großen Würdigung ›Das Werk Alfred Döblins‹ von Ferdinand Lion, außerdem mit einer ganzseitigen Anzeige: »Zum 50. Geburtstag des Dichters erschien soeben ›Alfred Döblin im Buch – zu Haus – auf der Strasse‹, vorgestellt von Alfred Döblin und Oskar Loerke, mit

12 Bildnissen aus Privatbesitz. Kartoniert 4 RM. Wir haben Alfred Döblin gebeten, zu seinem 50. Geburtstag den Lesern in einigen biographischen Kapiteln Aufschluß über Herkunft und Wachstum seiner Persönlichkeit zu geben. Der Dichter antwortet nun mit einem beschwingten, hellen Kunstwerk der Selbstdarstellung. Er erzählt sein Leben bis zum Ende der Schulzeit, doch nicht in der üblich gewordenen umständlichen und schweren Art des Lebensgeschichtsforschers, sondern als Meister der fesselnden Komposition, der überraschenden Lichtführung von vielen Seiten her. Wo die Autobiographie aufhört, beginnt Oskar Loerke. Er weiß, daß der Dichter Alfred Döblin wie jeder große Schöpfer auch in seinen Werken Biographie geschrieben hat, nur daß sich der Ablauf seines Wesens nun weniger sichtbar im Privaten als in dem freien meerweiten Raum der Phantasie vollzieht. Loerke führt uns durch die Welt der gewaltigsten modernen Epen und zeigt ihren Zusammenhang, ihre Einheitlichkeit und Folgerichtigkeit in der Arbeit der enormen visionären Naturkraft Alfred Döblin. Die Festgabe, durch Bilder aus Familienbesitz bereichert, ist ein Führer zum Verständnis einer der größten dichterischen Persönlichkeiten unserer Zeit.«[3]

---

[3] Den Text der Anzeige (von »Wir haben Alfred Döblin gebeten ...« bis »Naturkraft Alfred Döblin«) hat Oskar Loerke als Lektor des S. Fischer Verlages geschrieben; das zeigt ein Typoskript in seinem Nachlaß. Im Druck wurden – von kleineren Veränderungen abgesehen – vier Sätze weggelassen.

Unter dem Vermerk »Früher erschienen« folgte eine imponierende Reihe: die Romane ›Die drei Sprünge des Wang-lun‹ (1915), ›Wadzeks Kampf mit der Dampfturbine‹ (1918), ›Der schwarze Vorhang‹ (1919), ›Wallenstein‹ (1920) und ›Berge Meere und Giganten‹ (1924), das Schauspiel ›Die Nonnen von Kemnade‹ (1923), der Bericht ›Reise in Polen‹ (1926), das Versepos ›Manas‹ (1927) und das betrachtende Prosabuch ›Das Ich über der Natur‹ (1928). Aber das waren nur die lieferbaren unter den bei S. Fischer erschienenen Büchern Döblins.

Döblins ›Erster Rückblick‹ – therapeutisches Selbstgespräch und psychoanalytische Selbstdiagnose, Tribunal und Abrechnung in einem – gehört neben Musils ›Törleß‹ (1906) und den ›Erinnerungen‹ von Fritz Mauthner (1918) zu den aufregendsten literarischen Dokumenten einer Kindheit und Jugend vor 1900. Im Falle Döblins war sie geprägt von zwei äußeren und inneren »Unfällen«: dem Verlust des Vaters, der 1888 – Alfred Döblin war gerade zehn Jahre alt – Frau und Kinder verließ und mit einem jungen Mädchen auf und davon ging, und vom Leidensweg seiner letzten Schuljahre. Der Verlust des Vaters hatte die Umsiedlung von Stettin nach Berlin zur Folge und damit auch den sozialen Abstieg der Familie: »Wir waren aus einem kleinen Paradiese vertrieben worden.« Er fühlte sich auf der Schule fremd, erlitt Abneigung, auch wohl Antisemitismus; das verstärkte bei dem empfindsamen, schon früh für Literatur, Philosophie und Musik empfänglichen Jungen den Hang zur Absonderung und Kontemplation, der den Weg zur Selbstfindung ebnete: »In der Schule aber wurde ich langsam ich.«

Der westpreußische Bauernsohn Oskar Loerke (1884–1941) brachte andere Voraussetzungen mit. Er nannte die Weichsel seine zweite Mutter, »den Himmel über den Ebenen und Hügeln am Strome« seinen zweiten Vater. Familienschicksale sorgten aber auch bei ihm für eine Vertreibung aus dem Kindheitsparadies und für dauerhafte Verletzungen: Epilepsie zwang den Vater zur frühen Aufgabe des angestammten Hofes und die Familie zur Übersiedlung in die Kreis- und Garnisonstadt Graudenz. Wie Döblin erlebte Loerke in den Jahrzehnten seit seinem Studienbeginn im Jahre 1903 auch die moderne Großstadt Berlin »als ein Stück Natur«. Diese Erfahrungen haben sein lyrisches, erzählendes und essayistisches Werk bestimmt, das er – seit 1917 Lektor im Verlag S. Fischer – seiner oft genug als Fron empfundenen Tagesarbeit abgewann.

Der Kritiker Loerke hat Döblins literarischen Weg seit 1916, seit dem ›Wang-lun‹, mit enthusiastischen Rezensionen und Aufsätzen begleitet. So lag es nahe, daß er 1928 als Verlagslektor den ›Ersten Rückblick‹ des Fünfzigjährigen um den großen Essay ›Das bisherige Werk Alfred Döblins‹ ergänzte, der die früheren Rezensionen zusammenführte. Zuletzt hatte Loerke in der ›Vossischen Zeitung‹ vom 24. Mai 1927 den ›Manas‹, Döblins unerwartete Rückwendung zum indischen Mythos, begrüßt und den Autor geradezu als Protagonisten einer jüngeren Generation apostrophiert: »der große Künstler Döblin ist heute jünger als vor zehn Jahren und unvergleichlich viel jünger als die Zwanzigjährigen. ... Döblin schleudert ein Epos hin, und zahllose Romane bekommen in seiner frischfunkelnden Nähe einen altmodischen Schimmer. ... Döblin reißt uns in die Zeit der Legenden und Sagen zurück, aber uns ist, als habe er uns in ein künftiges rapideres Jahrhundert vorangetragen.« Döblin bedankte sich am 16. Juni 1927 und gab zugleich seinem Vergnügen darüber Ausdruck, »daß Sie selbst nun endlich, endlich langsam, langsam Platz und Namen bei mehr Menschen gewinnen. Um ein Weniges ist es mir da besser gegangen als Ihnen, der schwerere Stiefel trägt ... «

Über der gemeinsamen Arbeit an der Geburtstagsschrift kam es zu größerer persönlicher Nähe: »Freitag abend kam Döblin«, notierte Loerke am 16. Januar 1928. »Über den Aufsatz in dem Buch zu seinem 50. Geburtstag gesprochen. Sehr anregend.« Döblin hat also Auskünfte und Hinweise gegeben. Das mag für die folgenden Wochen und Monate um so mehr gelten, als Döblins Zuwahl in die »Sektion für Dichtkunst« der Preußischen Akademie der Künste in Berlin am 10. Januar 1928 Gelegenheit zu häufigeren Begegnungen bot (Loerke war schon Ende Oktober 1926 in die eben erst begründete Sektion gewählt worden; seit Februar 1928 amtierte er dann als deren ständiger Sekretär bis 1933). Es vergingen noch fast zwei Monate, bis Loerke mit der

Niederschrift des Döblin-Essays begann: »Sonntag [4. März] den Aufsatz über Döblin begonnen«, notierte er am 6. März. »Da das Thema mir liegt, wird es nicht allzu schwer sein, ihn zu schaffen.« Am 23. März: »Vor täglicher Mühsal komme ich gar nicht recht zu dem Aufsatz über Döblin.« Endlich am 31. März: »Heute früh die letzte Seite zum Essay über Döblin geschrieben.« Dessen ›Ersten Rückblick‹ hat Loerke offenbar erst später kennengelernt und darüber am 7. Mai 1928 notiert: »Die Biographie Döblins, mit Vergnügen.« – Ein nicht ganz vollständiger Vorabdruck von Döblins Text erschien vom 17. bis zum 28. Juli 1928, kurz vor der Buchausgabe, in Fortsetzungen in der ›Frankfurter Zeitung‹ unter dem Titel ›Ich unterhalte mich mit meinen Eltern und Lehrern‹.

Der Gleichklang zwischen dem Epiker Döblin und dem Lyriker Loerke ergab sich am ehesten aus den Übereinstimmungen ihrer Natur- und Kunstanschauung. Auch für Loerke war, wie er es von Döblin konstatiert, »in seinen Dichtungen das Wirkliche und das Wahre identisch.« Döblin war in seinen um 1920 aufgenommenen und über mehr als ein Jahrzehnt fortgesetzten naturphilosophischen Arbeiten auf der Suche nach einem »Weltbild, dem ich zustimme«. Die begrifflichen Pole dieses Denkens sind die »Natur« und – in der zweiten Hälfte der zwanziger Jahre immer mehr in den Vordergrund tretend – das »Ich«. Vom Oktober 1923 stammt Döblins Aufforderung: »Die Künstler jeder Gattung müssen die Geisteswissenschaften wegwerfen und sich der Natur zuwenden. – Ich sage: Natur und nicht Naturwissenschaft. Denn die ist zum großen Teil noch selbst Geisteswissenschaft und Natur muß erst entdeckt werden. Die Naturwissenschaftler mit ihrem großartigen Besitz wissen gar nicht, was sie in Händen haben. Wir stehen vor einer Wende des Denkens.« (in: Die Literatur, Jg. 26, H. 1, S. 6). Als ein Resultat dieser »Wende« proklamierte Döblin in den folgenden Jahren seinen »neuen Naturalismus«, einen Naturalismus ohne die Defekte des alten – ohne Rationalismus und Materialismus. »Schärfe, Härte, Geistigkeit« dieses neuen Naturalismus wurden ihm zu Kennzeichen alles Neuen und Lebendigen auch in Literatur und Kunst, zu Signaturen einer »Modernität«, unter deren Väter er sich rechnete. Döblin sah diese Signaturen bei älteren Autoren, zu denen er sich gern bekannte (Nietzsche, Freud, Fritz Mauthner, Arno Holz) und fand sie ebenso im Werk einzelner Altersgenossen oder jüngerer Autoren, die er als verwandt empfand oder die sich zu ihm bekannten (Kafka und Joyce; Musil, Loerke, Wilhelm Lehmann, Hans Henny Jahnn). Zu Mauthner und Holz, zu Wilhelm Lehmann, Musil, Loerke und Jahnn ergaben sich persönliche Beziehungen. Die meisten dieser Autoren hatten ungewöhnlich große naturwissenschaftliche Kenntnisse. In ihren Werken jedoch führte Anschauung der Natur, der Welt, der Schöpfung zu einer modernen Mystik jenseits rationalistischer Welterklärung, zu einem Naturalismus mit mythischen

Grundmustern. – Ernst Ribbat hat einen gemeinsamen Nenner dieser Autorengruppe (»die nun allerdings keine Gruppe war«) zu bezeichnen versucht: »Das Leitwort dieser Gruppe ist immer noch eher ›das Leben‹ gewesen als ›die Zeit‹, ihre Denkform eher eine synkretistische Mystik als die Phänomenologie oder eine politisch-ökonomisch konkretisierte Ethik.«[4]

In den folgenden Jahren bis 1933 haben die Akademiemitglieder Döblin und Loerke oft genug gemeinsame Ziele verfolgt und bei literaturpolitischen Aktionen der Sektion für Dichtkunst zusammengewirkt. Als Loerke fünfzig wurde, am 13. März 1934, lebte Döblin mit seiner Familie schon fast ein Jahr im Exil – zuerst in der Schweiz, seit September 1933 in, dann bei Paris. Von Paris aus nahm Döblin am 26. Februar 1934 in einem ergreifenden Brief Abschied von Loerke, seinem Lektor und »Kollegen in Apolline«, und gratulierte ihm zum Geburtstag:

»Da ich nun Deutschland verlassen habe und ein klares Gefühl mir sagt, daß ich es nicht wieder betreten werde, so ist es mir ein Bedürfnis, Ihnen an Ihrem heutigen Festtag zu danken für die Aufmerksamkeit, Güte und Hilfsbereitschaft, die Sie mir

---

[4] Ernst Ribbat: »Kollegen in Apolline.« Oskar Loerke und Alfred Döblin als literarische Zeitgenossen. In: Zeitgenosse vieler Zeiten. Zweites Marbacher Loerke-Kolloquium 1987. Hrsg. von Reinhard Tgahrt. Mainz 1989. (Die Mainzer Reihe. 66.) S. 33–54, hier S. 44f.

immer erwiesen. Ich bekräftige die geistige Solidarität in den entscheidenden Dingen, die immer zwischen uns bestand. Wenn ich Ihren ›Silberdistelwald‹ [1934] aufschlage, so erkenne ich Sie, begrüße Sie und weiß: es ist auch mein Wald. Wenn wir zusammen sprachen, im Verlag oder der Akademie, so war es gewiß, daß wir beide durch die Unterhaltung gefördert wurden, geklärt wurden, Sie konnten (es war das letzte Mal, glaub ich) meine Gedanken über Kunst und Resonanz weiter spinnen, ich kam weiter dadurch, und so war es öfter. – Leben Sie nun weiter so, in Frohnau unter den ernsten Kiefern, und seien Sie meiner herzlichen Gesinnung gewiß, der ich nun an diesem Ihrem Festtag auch einmal schriftlich Ausdruck geben darf!

– Inzwischen ist ein Jahr vergangen, Sie werden 50, zu meinem 50. schrieben Sie mir viel. Ich – kann heute nichts schreiben. Die Welt ist so weit auseinander. Dies eine Jahr ist ein halbes Jahrhundert. Ich sehe Sie nicht, ich kenne ›Loerke‹, aber wie soll ich, ein halbes Jahrhundert älter, Sie, den ebensoviel Älteren, ansprechen? Bin ich derselbe, sind Sie derselbe, – wer weiß? – Nehmen Sie und Ihre Frau meinen Gruß an, ich vergesse nicht.«

Die Tafeln der Erstausgabe wurden für diesen Neudruck zum größten Teil nach Originalphotographien aus den Marbacher Sammlungen im Duotonverfahren wiedergegeben. Einige Abbildungen, deren Vorlagen nicht verfügbar waren, wurden durch ähnliche ersetzt.

INHALT

5. 12. 1998